Die schwedische Küche

FÜNFZIG SCHWEDISCHE KLASSIKER

Take care of you
and good luck in the future

ICA BOKFÖRLAG

Die schwedische Küche

Willkommen zu einer kulinarischen Reise durch Schweden.

Sie ermöglicht das Erleben eines Landes mit allen Sinnen, so auch mit Gaumen und Nase.

Eine Reise von Norden nach Süden, durch Wald und Wiesen, vom Inland zum Meer. Eine Reise von salzig bis süß, von gekocht bis gebraten, von warmen Gerichten bis zum kalten Buffet.

Denn es gibt wohl kaum eine bessere Möglichkeit, als ein Land durch seine besonderen Gaumenfreuden kennenzulernen?

Schweden ist ein dünnbesiedeltes und weites Land, das sich bis zum Polarkreis hinauf erstreckt, ein Land, das dank warmer Meeresströmungen über eine reichhaltige Vegetation und ein abwechslungsreiches Klima verfügt.

Nirgendwo anders auf der Welt sind die vier Jahreszeiten – eiskalter Winter, knospender Frühling, blühender Sommer und flammender Herbst – so ausgeprägt wie in Schweden.

All das spiegelt sich in der schwedischen Küche wider, deren Gerichte wegen ihrer Vielfältigkeit Weltruf erlangt haben.

Für dieses Buch haben wir einige der bekanntesten Klassiker der schwedischen Küche ausgewählt. Die Meisterköchin Malin Söderström, Mitglied der schwedischen Kochnationalmannschaft, pflegt die traditionelle schwedische Küche und hat diese gleichzeitig behutsam aktualisiert. Die Grundlage bilden jedoch Rezepte, nach denen seit mehr als einhundert Jahren gekocht wird und die hoffentlich auch in den nächsten einhundert Jahren noch Anwendung finden werden.

Probieren Sie also Schweden! Wir sind sicher, daß damit Appetit auf mehr geweckt wird.

DAS KÖNIGLICHE SCHLOSS IN STOCKHOLM

Kohlrouladen

Kåldolmar

FÜR 4 PERSONEN

2 EL LANGKORNREIS
1 MITTLERER WEISSKOHL
300 G GEMISCHTES GEHACKTES (RIND
UND SCHWEIN)
150 ML MILCH (FÜR DAS GEHACKTE)
1 FEIN GESCHNITTENE ZWIEBEL
SALZ UND PFEFFER AUS DER MÜHLE

Für die Zubereitung:
2–3 EL BUTTER
1–2 EL RÜBENSIRUP

Den Reis wie auf der Verpackung angegeben kochen.

Um den Strunk des Weißkohls herumschneiden, so daß die Blätter losgelöst werden können. Reichlich Wasser aufkochen, Salz zufügen und den Kohl mit dem Strunk nach oben ins Wasser geben. Die Blätter loslösen, sobald sie weich sind. Kohlblätter zum Abtropfen auf ein Geschirrtuch legen. Grobe Blattstiele wegschneiden.

Die Zwiebel in etwas Butter anschwitzen, den gekochten Reis mit der Zwiebel und dem Gehackten mischen. Mit Salz und Pfeffer abschmecken und mit der Milch zu einem losen Fleischteig verarbeiten. Auf jedem Kohlblatt einen Eßlöffel Fleischteig verteilen, die Seiten einschlagen und zusammenrollen.

Fett in einer Bratpfanne erhitzen und die Kohlrouladen nacheinander anbraten. Etwas Sirup darüberringeln und ringsum goldbraun braten. Die Kohlrouladen in einen Topf geben, die Bratpfanne mit dem Kochwasser auskochen und den Sud über die Kohlrouladen gießen. Die Kohlrouladen bei schwacher Hitze ca. 30 min schmoren, bis der Kohl weich ist.

Die Kohlrouladen auf einer Platte anrichten. Aus der Schmorflüssigkeit eine Soße zubereiten. Mit Soße, Preiselbeeren und gekochten Kartoffeln servieren.

Schwedische Variante der türkischen Weinblattrouladen. Der Kriegskönig Karl XII brachte das Rezept vor 300 Jahren mit nach Hause. Die Weinblätter wurden durch Kohlblätter ersetzt.

Erbsen mit gepökeltem Schweinefleisch

Ärter med rimmat fläsk

FÜR 4 PERSONEN

4 TASSEN GETROCKNETE GELBE ERBSEN
2 L WASSER
400–500 G GEPÖKELTER SCHWEINEBAUCH
EVTL. I SCHWEINSWURST, CA. 250 G
I ZWIEBEL, MIT 2 GEWÜRZNELKEN
GESPICKT
2 TL THYMIAN
2 TL MAJORAN

Die Erbsen auslesen und über Nacht in Wasser quellen lassen. Das Quellwasser abgießen und mit frischem Wasser auffüllen. Die Erbsen aufkochen, gut abschäumen und an die Oberfläche des Kochwassers steigende Schalen entfernen, zum Umrühren wird ein Schneebesen empfohlen, da sich die Schalen darin festsetzen. Die Erbsen köcheln lassen.

Das Fleisch sowie die in ein Gazetuch eingebundene Zwiebel mit den Gewürzen dazugeben. Ab und zu kontrollieren, daß nichts am Topfboden anhängt.

Wenn die Erbsen – nach ein paar Stunden – weichgekocht sind, müsste das Fleisch auch gar sein. Das Fleisch herausnehmen, in Scheiben schneiden und auf eine angewärmte Platte legen. Die Suppe abschmecken und in einem tiefen Teller zusammen mit einem kleinen Teller für das Fleisch sowie Senf servieren.

Viele mögen Erbsensuppe mit Schweinswurst. Die Wurst mitkochen, bis sie gar ist. Vorher sorgfältig mit einer Gabel mehrmals anstechen, damit sie beim Kochen nicht platzt. Die in Scheiben geschnittene Wurst zusammen mit dem Fleisch auftragen.

Das Gericht steht jeden Donnerstag in ganz Schweden auf der Speisekarte. Oft werden danach Pfannkuchen gegessen. Dieser Brauch stammt aus dem Mittelalter, als man sich einen Tag vor Freitag, damals ein Fasttag, richtig satt essen wollte.

Gebratenes Strömlingsfilet mit Kartoffelbrei

Stekta strömmingsflundror med potatismos

FÜR 4 PERSONEN

600 G STRÖMLINGSFILET
3 EL DILL, FEIN GEHACKT
50 G BUTTER
SALZ UND PFEFFER AUS DER MÜHLE
4 GEHÄUFTE EL WEIZENMEHL
2 EIER
4 GEHÄUFTE EL SEMMELBRÖSEL
BUTTER ZUM BRATEN

Die Strömlingsfilets säubern, abspülen und gut abtropfen lassen.

Den fein gehackten Dill mit Butter, etwas Salz und weißem Pfeffer mischen. Die Rückenflosse der Strömlingsfilets wegschneiden. Mit der Hautseite nach unten hinlegen, ein Häufchen Dillbutter darauf verteilen und ein weiteres Filet mit der Hautseite nach außen darauf legen.

Das Weizenmehl mit etwas Salz würzen und die zusammengelegten Strömlingsfilets in der Mehlmischung wenden. Danach in das geschlagene Ei tauchen und in den Semmelbröseln wenden, die Brösel gut fest klopfen. Die Filets anschließend in einer Pfanne in reichlich heißer Butter auf beiden Seiten braten.

Den gebratenen Strömling sofort mit Kartoffelbrei servieren.

Übrig gebliebener Strömling schmeckt auch sauer eingelegt. Für den Essigsud: 1 Teil Essig, 2 Teile Zucker, 3 Teile Wasser, Lorbeerblatt, Zwiebel und Piment.

Kartoffelbrei:
FÜR 4 PERSONEN

I KG KARTOFFELN
2 TL SALZ PRO L WASSER
200–250 ML MILCH
40 G BUTTER
I–2 MESSERSPITZEN WEISSER PFEFFER
AUS DER MÜHLE

Die Kartoffeln schälen, klein schneiden und in Salzwasser gar kochen. Das Wasser abgießen und die Kartoffeln abdämpfen. Die Kartoffeln mit einer Kartoffelpresse oder im Topf mit einem Kartoffelstampfer oder Rührgerät pürieren.

Nach und nach warme Milch und Butter zugeben und den Brei durcharbeiten, bis er luftig ist. Mit Salz und weißem Pfeffer abschmecken.

Seemannsbeefsteak

Sjömansbiff

FÜR 4 PERSONEN

600 G (8 DÜNN GESCHNITTENE SCHEIBEN)
RINDSROULADE
600 G MITTELGROSSE KARTOFFELN
2–4 MITTELGROSSE ZWIEBELN
2 EL BUTTER
2 TL SALZ
WEISSER PFEFFER
300–500 ML WASSER ODER BOUILLON,
MIT BIER GEMISCHT ODER NUR BIER
VERWENDEN
I LORBEERBLATT
I TL THYMIAN

Für die Garnierung:
PETERSILIE, FEIN GEHACKT

Die Fleischscheiben säubern und leicht klopfen.

Die Kartoffeln und die Zwiebeln schälen. Die Kartoffeln in dicke und die Zwiebeln in dünne Scheiben schneiden. In einer Bratpfanne die Zwiebeln in Butter bräunen, herausnehmen. Das Fleisch auf beiden Seiten anbraten und mit Salz und weißem Pfeffer würzen. Das Bier mit Wasser oder Bouillon mischen, zum Fleisch gießen sowie Lorbeerblatt und Thymian dazugeben. Das Fleisch zugedeckt 10 min in der Pfanne köcheln lassen.

Kartoffeln, Zwiebeln und Fleisch in einen Topf oder eine feuerfeste Form schichten, dabei soll die unterste und oberste Schicht jeweils aus Kartoffeln bestehen. Mit Flüssigkeit bis zur obersten Schicht auffüllen. Mit gefettetem Butterbrotpapier belegen bzw. Deckel darauf legen und das Gericht langsam in der Backröhre (125°C) oder auf dem Herd (1–1 1/2 Stunden) bis zum Garwerden des Fleisches kochen.

Mit Petersilie garnieren und direkt im Topf oder in der Form auftragen.

Hering-Ei-Häckerli

Gubbröra

FÜR 4 PERSONEN

4–5 HART GEKOCHTE EIER
1 DOSE, CA. 100 G ANSCHOVIS
1 KLEINE ROTE ZWIEBEL
1 BUND DILL, FEIN GEHACKT
1 EL KALLES KAVIAR (KAVIARPASTE)

Eier schälen und grob hacken, den Fisch würfeln und die Zwiebel fein schneiden. Ei mit Anschovis, roter Zwiebel, Dill und Kaviarpaste mischen. Das Häckerli kalt servieren – schmeckt besonders gut auf Knäckebrot.

Janssons Versuchung

Janssons frestelse

FÜR 4–6 PERSONEN

1 KG KARTOFFELN (KEINE NEUEN KARTOFFELN)
2 ZWIEBELN
1 EL BUTTER
100 G ANSCHOVISFILETS UND -LAKE
400 ML SCHLAGSAHNE
2 EL SEMMELBRÖSEL

Den Backofen auf 250°C erhitzen. Die Kartoffeln schälen und in dünne Streifen schneiden, die Kartoffeln dabei nicht abspülen, da sonst die Stärke weggespült und das Gericht nicht cremig wird. Die Zwiebeln schälen, in dünne Ringe schneiden und in etwas Butter kurz anschmoren, so daß sie weicher im Geschmack werden.

Eine tiefe Auflaufform gut fetten. Kartoffeln, Zwiebel und Anschovis in die Form schichten und mit einer Schicht Kartoffelstreifen abschließen.

Die Oberfläche glatt drücken und mit soviel Sahne begießen, daß sie zwischen den Kartoffeln sichtbar wird. Die Anschovislake darübergeben, mit Semmelbröseln bestreuen und mit reichlich Butterflöckchen belegen. Im Backofen 45 min backen.

Schwedischer Gulasch mit eingelegten roten Beeten

Kalops med inlagda rödbetor

FÜR 4 PERSONEN

800 G RINDERSCHMORBRATEN
4 ZWIEBELN
1 GROSSE MOHRRÜBE
BUTTER ZUM BRATEN
SALZ UND WEISSER PFEFFER AUS DER MÜHLE
WEIZENMEHL
300–400 ML WASSER
2 LORBEERBLÄTTER
10 PIMENTKÖRNER
EVTL. EINIGE ANSCHOVISFILETS ODER 3–4 EL ANSCHOVISLAKE

Das Fleisch säubern und in große Würfel schneiden. Die Zwiebeln schälen und eventuell vierteln. Die Mohrrübe schaben und in Scheiben schneiden. Fleischwürfel, Zwiebeln und Mohrrübe in brauner Butter in einem Schmortopf anbräunen. Mit Salz und weißem Pfeffer würzen, mit etwas Mehl bestäuben, mit Wasser angießen und die Lorbeerblätter und Pimentkörner dazugeben. Zugedeckt den Gulasch ca. eine Stunde schmoren, bis das Fleisch richtig gar ist. Mit Salz, weißem Pfeffer und eventuell etwas Anschovislake abschmecken.

Den Gulasch direkt im Schmortopf servieren, dazu werden gekochte Kartoffeln und leckere eingelegte rote Beete gereicht.

Eingelegte rote Beete:
1 KG ROTE BEETE
150 ML ESSIG
0,5 L WASSER
150 G ZUCKER
6–7 GEWÜRZNELKEN

Die gut abgebürsteten roten Beete mit Wurzelspitze in leicht gesalzenem Wasser weich kochen. Im Sommer dauert dies nicht so lange wie im Winter, denn dann sind sie noch zart und frisch. In kaltem Wasser abkühlen, danach schälen.

Die kalten (kleine im Ganzen, ansonsten halbierte, geviertelte oder gewürfelte) roten Beete in den aufgekochten Sud legen und vor dem Servieren mindestens einen Tag ziehen lassen.

Wurzelpüree

Rotmos

FÜR 4 PERSONEN

1 KOHLRÜBE (300 G)
300 G KARTOFFELN
200 G MOHRRÜBEN
BUTTER
SALZ UND FRISCH GEMAHLENER WEISSER PFEFFER
EVTL. EINIGE PIMENTKÖRNER

Die Kohlrübe waschen, schälen und würfeln. Die Kohlrübe ca. 30 min kochen. Die gleiche Menge geschälte und geviertelte Kartoffeln sowie die ebenso vorbereiteten Mohrrüben zugeben und alles langsam gar kochen. Dann müsste auch das Kochwasser eingekocht sein.

Das Wurzelgemüse durch ein Sieb oder eine Kartoffelpresse pürieren, mit etwas Kochwasser angießen und ein paar Eßlöffel Butter unterrühren. Mit Salz, frisch gemahlenem weißen Pfeffer und eventuell einigen Pimentkörnern abschmecken und das Püree heiß zu Eisbein, gekochter Rinderbrust oder gepökeltem Schweinefleisch oder Lamm servieren, dazu wird Senf gereicht.

Gurkensalat

Pressgurka

FÜR 6 PERSONEN

1 GURKE
2 MESSERSPITZEN SALZ
50 ML ESSIG
2 GEHÄUFTE EL ZUCKER
2 MESSERSPITZEN WEISSER PFEFFER
2 EL PETERSILIE, FEIN GEHACKT

Gurke eventuell schälen, in dünne Scheiben schneiden oder hobeln und leicht salzen. Die Gurkenscheiben 10 min pressen und das Gurkenwasser abgießen. Essig, Zucker und weißen Pfeffer miteinander verrühren, bis der Zucker aufgelöst ist, und über die Gurkenscheiben verteilen. Petersilie fein hacken und darüberstreuen.

Eintopf à la Uppsala

Uppsalastuvning

FÜR 4 PERSONEN

600 G GEPÖKELTE RINDERBRUST
2 LORBEERBLÄTTER
1 ZWEIG FRISCHER THYMIAN
8 GRÜNE PFEFFERKÖRNER UND
6 PIMENTKÖRNER
HELLE BOUILLON
2 ZWIEBELN
500 G KARTOFFELN
400 G MOHRRÜBEN
200 G SELLERIEKNOLLE
200 G KOHLRÜBE
SALZ

Für die Garnierung:
1 BUND PETERSILIE

Im Verhältnis:
1/3 FLEISCH
2/3 GEMÜSE

Die Rinderbrust unter kaltem Wasser abspülen und in einen Topf legen. Mit kaltem Wasser auffüllen, bis das Fleisch gerade bedeckt ist, aufkochen und sorgfältig abschäumen. Lorbeerblätter, Thymian sowie Pfeffer- und Pimentkörner zugeben. Zugedeckt ca. 1 1/2 Stunden köcheln lassen. Mit einer Fleischgabel kontrollieren; wenn das Fleisch leicht von der Gabel fällt, ist das Fleisch gar.

Das Gemüse schälen und gleichmäßig würfeln. Das Fleisch pressen und so erkalten lassen. Inzwischen das Gemüse in der Bouillon weich kochen. Das Fleisch in Scheiben schneiden und zusammen mit dem Gemüse in der Bouillon erwärmen.

Mit reichlich fein gehackter Petersilie überstreuen und servieren.

Uppsala ist eine der ältesten Städte Schwedens und neben Lund als Bildungs- und Forschungszentrum berühmt. Auch der Eintopf aus Uppsala hat Klasse.

RENTIERE IN LAPPLAND

Geschnetzeltes vom Ren

Renskavspanna

FÜR 4 PERSONEN

3 TASSEN PFIFFERLINGE, GEPUTZT
2 ZWIEBELN, FEIN GESCHNITTEN
5 ZERDRÜCKTE WACHOLDERBEEREN
400 ML SCHLAGSAHNE
450 G RENTIERKEULE, GEFROREN
2 EL PETERSILIE, FEIN GEHACKT
2 EL BUTTER
SALZ UND WEISSER PFEFFER AUS
DER MÜHLE

Pfifferlinge, Zwiebeln und Wacholderbeeren in etwas Butter anbräunen. Die
Sahne zugeben und einkochen lassen.

Das Rentierfleisch in sehr dünne Streifen
schneiden. Butter in einer Pfanne erhitzen
und das Fleisch darin anbräunen, die Soße
darübergeben und köcheln lassen. Mit Salz
und Pfeffer abschmecken.

Mit Kartoffelbrei und kalt gerührter Preiselbeerkonfitüre servieren.

In Schweden sind Rentiere nicht nur die
besten Freunde des Weihnachtsmannes, sie
stellen vor allem für viele Samen im Norden
des Landes eine wichtige Lebensgrundlage
dar. Von den zahlreichen Rezepten mit
Rentierfleisch zählt Geschnetzeltes zu den
beliebtesten Gerichten.

Rippenspeer vom Hirsch mit Pilzen und feinem Kartoffelpüree

Hjortracks med svamp
och mandelpotatispuré

FÜR 4 PERSONEN

800 G RIPPENSPEER VOM HIRSCH
50 G BUTTER ZUM ANBRÄUNEN
600 G KLEINE FEST KOCHENDE
KARTOFFELN (MANDELPOTATIS), GESCHÄLT
200 ML SAHNEMILCH (JE 100 ML SAHNE
UND MILCH GEMISCHT)
25 G BUTTER
200 G MISCHPILZE
1 SCHALOTTE, FEIN GEHACKT
SALZ UND WEISSER PFEFFER
200 ML ROTWEINSOSSE (SIEHE REZEPT)

Rotweinsoße:
FÜR 4 PERSONEN

2 SCHALOTTEN
1 KLEINE MOHRRÜBE
25 G BUTTER
1 EL TOMATENMARK
1 FLASCHE ROTWEIN
0,5 L KALBSFOND
1 TL ROSMARIN
SALZ UND PFEFFER
BEI BEDARF 3 TL MAIZENA
1 EL BUTTER

Das Fleisch von allen Seiten anbraten und anschließend ca. 1 Stunde bei 125°C in der Backröhre garen, bis die Innentemperatur des Fleisches 60–65°C (Fleischthermometer) beträgt.

Die Kartoffeln in gesalzenem Wasser gar kochen, durch eine Kartoffelpresse quetschen und die Sahnemilch sowie Butter, Salz und Pfeffer unterrühren.

Die Pilze anbraten, dann die fein gehackte Schalotte zugeben und glasig werden lassen.

Die Rotweinsoße aufkochen, über die Pilze und Zwiebeln geben und kurz aufkochen.

Das gare Fleisch aus dem Ofen nehmen, in Folie wickeln und 15 min ruhen lassen.

Das Fleisch zwischen den Rippen tranchieren, die Schnittflächen salzen und pfeffern. Mit einem großen, unter Wasser abgespülten Löffel eine Portion feines Kartoffelpüree auf jeden Teller geben. Etwas Pilzmischung auf jedem Teller verteilen und das Fleisch darauf (an das Kartoffelpüree gelehnt) anrichten. Rotweinsoße ringsum verteilen.

Schalotten und Mohrrübe schälen und schneiden. Schalotten und Mohrrübe in Butter bräunen; sobald sie Farbe bekommen, das Tomatenmark zugeben und die Flüssigkeit einkochen lassen. Etwas Wein zugeben und mit einem Holzlöffel den Bodensatz loskratzen. Sobald der Wein eingekocht ist, wieder etwas Wein zugeben. Auf diese Weise fortfahren, bis eine halbe Flasche Wein verkocht ist. Den restlichen Wein und den Kalbsfond dazugeben. Rosmarin zufügen und bis auf ca. 400 ml Flüssigkeit einkochen lassen. Die Soße durch ein Sieb geben und mit Salz und Pfeffer abschmecken. Bei Bedarf mit etwas in kaltem Wasser angerührtem Maizena abbinden. Kurz vor dem Auftragen etwas Butter unterrühren.

Fleischbällchen (Titelbild)

Köttbullar

FÜR 4 PERSONEN

200 ML MILCH
2 GEHÄUFTE EL ALTES WEISSBROT ODER
SEMMELBRÖSEL
1 ZWIEBEL, FEIN GESCHNITTEN
BUTTER ZUM BRATEN
400 G GEHACKTES (300 G RINDS- UND
100 G SCHWEINSGEHACKTES)
1 EI
SALZ, WEISSER PFEFFER UND EVTL. PIMENT
BEI BEDARF ETWAS WASSER

Für die Soße:
2 EL BUTTER
2 EL WEIZENMEHL
300 ML DUNKLE FLEISCHBRÜHE
100 ML BIER
2 EL PREISELBEEREN
SALZ UND PFEFFER

Die Milch über das geriebene Brot geben und quellen lassen. Die fein geschnittene Zwiebel in Butter anbräunen.

Das Gehackte in einer geräumigen Schüssel mit der Brot- und Milchmischung, dem Ei und der Zwiebel mischen. Mit Salz und Pfeffer würzen – etwas Piment gibt den Fleischbällchen zu Weihnachten extra Würze. Das Gehackte mit einem Holzlöffel durcharbeiten – bei Bedarf Wasser zufügen – bis der Fleischteig geschmeidig ist.

Das Gehackte darf nicht zu lange durchgearbeitet werden, da es wärmeempfindlich ist. Zum Probieren einige kleine Bällchen in leicht gebräunter Butter braten und abschmecken. Bei Bedarf nachwürzen und die Fleischbällchen formen. Die runden Fleischbällchen auf ein nasses, mit Butterbrotpapier belegtes Schneidebrett oder einen mit Wasser abgespülten Teller legen.

Falls behauptet wird, daß ein Gericht im Zentrum der schwedischen Eßkultur steht – ein Gericht, um das sich alles dreht – so ist es Köttbullen, das Fleischbällchen. Swedish Meatballs sind weltweit ein Begriff und erlangten ihren Weltruf nicht nur dank berühmter Köche, sondern auch durch den Koch der "Muppet-Show". In der heutigen schwedischen Küche gehören Fleischbällchen zu jedem Weihnachtsbuffet und sind gleichzeitig als alltägliches Gericht, vor allem bei Kindern zu Spaghetti oder Kartoffelbrei, sehr beliebt.

Die Fleischbällchen lassen sich am besten mit einer mit Wasser angefeuchteten Handfläche und einem in warmen Wasser stehenden Silberlöffel formen. Noch einfacher wird es, wenn zwei Löffel abwechselnd benutzt werden.

Die Fleischbällchen in Butter braten, dabei nicht zu viele auf einmal in die Pfanne geben. Die Pfanne ab und zu schwenken, damit die Fleischbällchen rund werden. Die fertigen Fleischbällchen in eine feuerfeste Form oder einen Topf geben.

Falls Soße zu den Fleischbällchen gewünscht wird, Butter in einem Topf bräunen, Mehl zugeben und mit einem Schneebesen verrühren. Mit Fleischbrühe und Bier auffüllen, aufkochen und 10 min köcheln, um den Mehlgeschmack verschwinden zu lassen. Mit Preiselbeeren, Salz und Pfeffer abschmecken.

Die Fleischbällchen mit Kartoffelbrei, kalt gerührter Preiselbeerkonfitüre und Salzgurken servieren.

Weihnachtsschinken

Julskinka

3 KG GEPÖKELTER AUSGELÖSTER SCHINKEN

Den Schinken kurz unter kaltem Wasser abspülen. In Alufolie einwickeln und in den dicksten Teil des Schinkens ein Fleischthermometer stecken, dann das Fleisch auf einen Rost über der Bratpfanne legen. Im Backofen bei 150°C backen, bis das Fleischthermometer 70°C anzeigt. Das dauert ca. 1–1 1/2 Stunden pro kg Schinken. Den Schinken herausnehmen und die Schwarte ablösen.

Für das Grillieren von 3 kg Schinken:
1 EI
3 EL SENF
1 TL ZUCKER
2–3 EL SEMMELBRÖSEL

Den Backofen auf 200°C erhitzen. Den Schinken wieder auf den Rost über der Bratpfanne legen.

Das Ei mit Senf und Zucker mischen und den Schinken mit dieser Mischung bestreichen. Die Semmelbrösel darüberstreuen. Anschließend den Schinken im Backofen grillieren, bis die Kruste goldbraun geworden ist.

Der Schinken wird auf dem Weihnachtsbuffet mit Senf, Apfelmus und Rotkohl serviert.

Weihnachtsbrot

Jullimpa

1 BROTLAIB

600 ML DICKMILCH
300 ML RÜBENSIRUP
4 TL POTTASCHE
500 G FEINES ROGGENMEHL
150 G WEIZENMEHL
1 TASSE ROSINEN

Den Backofen auf 175°C erwärmen. Die Dickmilch mit dem Rübensirup in einer großen Schüssel verrühren. Die beiden Mehlsorten mit der Pottasche mischen, in die Dickmilchmischung sieben und die Rosinen unterrühren.

Eine große Kastenform fetten, mit Mehl ausstreuen und den Teig hineingeben. Das Brot ca. 75 min backen und vor dem Herausnehmen 10 min in der Form ruhen lassen.

Rindsrouladen

Oxrulader

FÜR 4 PERSONEN

600 G RINDFLEISCH (ROULADENFLEISCH
ODER ROASTBEEF) IN DÜNNEN SCHEIBEN
1/2 TL SALZ
2 MESSERSPITZEN SCHWARZER PFEFFER
3–4 EL ZWIEBEL, GEHACKT
1 EL BUTTER
2 EL HELLER FRANZÖSISCHER SENF
2 SALZGURKEN
0,5 L KALBSFOND
1–2 EL WEIZENMEHL
100 ML SCHLAGSAHNE

Die Fleischscheiben leicht salzen und
pfeffern. Die Zwiebel in der Butter anschwitzen und anschließend den Senf
untermischen.

Die Salzgurken in Streifen schneiden.
Je einen Streifen Gurke und Zwiebel
auf das kurze Ende jeder Fleischscheibe
legen, dann zusammenrollen und
mit einem Zahnstocher oder einer
Rouladennadel zusammenhalten.

In einer Pfanne die Butter erhitzen und die
Rouladen darin ringsum anbräunen. Dann
die Rouladen in einen Topf geben, den
Kalbsfond darübergießen und ca. 1 Stunde
köcheln lassen, bis sie weich sind. Die
Rouladen herausnehmen und den Kochsud
durch ein Sieb geben. Die Soße mit Mehl
und Schlagsahne andicken und einige
Minuten kochen lassen. Bei Bedarf mit Salz
und Pfeffer abschmecken. Die Rouladen
hineinlegen und erwärmen.

Als Beilagen werden gekochte Kartoffeln
und kalt gerührte Preiselbeerkonfitüre zu
den Rouladen empfohlen.

Schloßbraten

Slottsstek

FÜR 8 PERSONEN

1,5 KG AUSGELÖSTES RINDFLEISCH,
Z.B. NUSS ODER BUG
2 EL BUTTER
2–3 ROTE ZWIEBELN
1–1 1/2 TL SALZ
12 WEISSE ODER SCHWARZE PFEFFER-
KÖRNER
6 PIMENTKÖRNER
1 LORBEERBLATT
1 1/2–2 TL ESSIGESSENZ
2–3 EL RÜBENSIRUP
6–8 ANCHOVISFILETS
0,5 L BOUILLON ODER WASSER

Für die Soße:
400 ML DURCHGESEIHTER BRATENSATZ
2–3 EL WEIZENMEHL
100–200 ML SCHLAGSAHNE
1/2–1 TL WORCESTERSAUCE

Das Fleisch säubern, bei Bedarf mit Küchen-
krepp abtupfen. Das Fett in einem Braten-
topf erhitzen, bis es nicht mehr schäumt,
das Fleisch darin langsam von allen
Seiten bräunen. Ein Fleischthermometer
hineinstecken.

Die geschälten und in Scheiben geschnittenen Zwiebeln zufügen, das Fleisch
salzen und die übrigen Gewürze, das
Lorbeerblatt sowie den Essig, den Sirup
und die Anchovisfilets zum Fleisch geben.

Die Wärmezufuhr senken und mit Wasser
oder Bouillon auffüllen. Zugedeckt ca.
1 1/2–2 Stunden oder bis das Fleischthermometer 70°C Innentemparatur
anzeigt schmoren lassen.

Das Fleisch herausnehmen und ca. 15 min
in Alufolie gewickelt ruhen lassen.

Den Bratensatz durch ein Sieb geben und
abmessen, in einen Topf geben. Mit dem in
kaltem Wasser angerührten Weizenmehl
abbinden und die Soße 2–3 min bei starker
Hitze kochen lassen, dabei darauf achten,
daß sie nicht anbrennt.

Wärmezufuhr senken und die Sahne mit
der Worcestersauce mit Hilfe eines
Schneebesens unterrühren. Sorgfältig
abschmecken.

Den Braten in gleichmäßige dünne
Scheiben schneiden und auf einer Platte
anrichten. Mit gedünstetem Gemüse wie
Erbsen oder Bohnen sowie gekochten
Kartoffeln und der Soße servieren.

Lamm in Dillsoße

Dillkött

FÜR 4 PERSONEN

1 KG LAMMBRUST, AUSGELÖST

Zum Kochen, pro Liter Wasser:
3/4 EL SALZ
3–4 WEISSE PFEFFERKÖRNER
1 STANGE PORREE, IN SCHEIBEN
GESCHNITTEN
1 MOHRRÜBE, IN SCHEIBEN GESCHNITTEN
DILLSTENGEL, KLEIN GEHACKT

Dillsoße:
1 EL BUTTER
2 EL WEIZENMEHL
400 ML KOCHSUD
1 EL ESSIGESSENZ
2 1/2 TL ZUCKER
1 EL DILL, FEIN GEHACKT
1 EIGELB
50 ML SCHLAGSAHNE

Das Fleisch in Portionsstücke schneiden
und blanchieren, d.h. in Salzwasser
aufkochen und unter fließendem kalten
Wasser abspülen.

Das Fleisch in einen Topf legen und mit
soviel Wasser auffüllen, daß es gerade
bedeckt ist. Aufkochen lassen und gut
abschäumen. Salz, Pfefferkörner, Porree,
Mohrrübe und Dill zufügen. Auf kleiner
Flamme kochen lassen, bis das Fleisch
weich ist (ca. 1–1 1/2 Stunden). Das
Fleisch herausnehmen, in eine Servier-
schüssel geben und warm halten.

Die Butter in einem Topf mit dickem
Boden zergehen lassen, Mehl mit einem
Schneebesen unterrühren und 200 ml
Kochsud zugeben, dabei ständig rühren.
Den restlichen Kochsud dazugeben und
aufkochen lassen. Den Essig mit dem
Zucker aufkochen und die Soße mit dem
Essigsud abschmecken, so daß sie eine
deutlich süßsaure Note erhält. Reichlich
Dill zufügen, das Eigelb in der Sahne
verrühren und unter die Soße rühren.
Die Soße darf nicht mehr kochen, da
ansonsten der Dill seine Farbe und Frische
verliert und das Eigelb klumpen kann.

Die Soße über das Fleisch geben, durch-
mischen und das Gericht mit gekochten
Kartoffeln servieren.

Hackbeefsteak à la Lindström

Biff à la Lindström

FÜR 4 PERSONEN

4 EL SEMMELBRÖSEL
200 ML WASSER
1/2–1 TL SALZ
2 MESSERSPITZEN SCHWARZER PFEFFER
400 G GEHACKTES VOM RIND
1 EI
2 EL EINGELEGTE ROTE BEETE,
FEIN GEHACKT
2 EL ZWIEBEL, FEIN GESCHNITTEN
1 EL KAPERN
BUTTER ZUM BRATEN

Die Semmelbrösel mit dem Wasser mischen, Salz und Pfeffer unterrühren und die Semmelbrösel 10 min im Wasser quellen lassen. Das Gehackte, das Ei, die roten Beete, die Zwiebel und die Kapern untermischen. Den Fleischteig durcharbeiten, bis der Teig geschmeidig ist, jedoch nicht so lange, daß er zäh wird und Fäden zieht.

12 Beefsteaks auf einem angefeuchteten Schneidebrett formen. Anschließend in einer Pfanne in Butter goldbraun braten.

Als Beilagen werden Ofenröstkartoffeln und Petersilienbutter empfohlen.

Lindström ist einer der gebräuchlichsten schwedischen Familiennamen. Deshalb streitet man sich noch immer darum, welcher berühmte Lindström diesem schwedischen Beefsteak-Klassiker seinen Namen verliehen hat.

Zitronenfromage

Citronfromage

FÜR 4 PERSONEN

3 SORGFÄLTIG ABGESPÜLTE BLATT
GELATINE
3 EIER
80 G ZUCKER
SAFT UND SCHALE (SEHR FEIN GERIEBEN)
EINER ZITRONE

Zum Garnieren:
MANDELSPLITTER

Die Gelatineblätter in einer Schale mit Wasser quellen lassen.

Die Eigelb vom Eiweiß trennen. Die Eigelb mit dem Zucker schaumig schlagen, den Zitronensaft und die fein geriebene Schale untermischen. Die Gelatine im Wasserbad erwärmen, bis sie sich auflöst. Die flüssige Gelatine sorgfältig durchrühren, es dürfen keine Klümpchen bleiben. Die Gelatine zum Eischaum geben.

Nun das Eiweiß steif schlagen und sehr vorsichtig unter den Eischaum heben, dabei nicht umrühren.

Fromageförmchen oder Portionsschälchen zuckern, die Fromagemasse einfüllen und an einem kühlen Ort fest werden lassen. Das dauert ca. 2 1/2–3 Stunden.

Das Fromage mit Mandelsplittern bestreut servieren.

Surströmming

Surströmming

Diese nordschwedische Spezialität
ist nichts anderes als gesalzener und
gegorener Strömling.

SURSTRÖMMING
HARTES FLADENBROT
KLEINE FEST KOCHENDE KARTOFFELN
(MANDELPOTATIS)
ROTE ZWIEBEL, FEIN GEHACKT
BUTTER
AUF WUNSCH CRÈME FRAICHE

Die Strömlinge filetieren, das Fladenbrot
mit Butter bestreichen. Die Kartoffeln
kochen, in Scheiben schneiden und auf
dem Brot verteilen. Die fein gehackte rote
Zwiebel darüberstreuen und die Strömlingsfilets darauf verteilen. Mit etwas Crème
fraiche darauf wird der strenge Sur-
strömmingsgeschmack etwas abgemildert.

Wahrscheinlich das übelriechendste Gericht
der Welt. Eine nordschwedische Spezialität
aus gegorenem Strömling (daher der strenge
Geruch), die in Fladenbrot mit Butter, Zwiebeln
und Kartoffeln gegessen wird.

Kalbssülze mit roten Beeten

Kalvsylta med rödbetor

FÜR 6–8 PERSONEN

1 KG GEPÖKELTE KALBSBRUST (BEI DER
VERWENDUNG VON FRISCHER KALBSBRUST
MUSS DIE BOUILLON ENTSPRECHEND
GESALZEN WERDEN)
2 GEHÄUFTE EL BLATTPETERSILIE,
GESCHNITTEN
SALZ UND PFEFFER AUS DER MÜHLE
SAFT EINER HALBEN ZITRONE
1 BLATT GELATINE
100 ML BALSAMICOESSIG
3 EL ZUCKER
2 FRISCH GEKOCHTE ROTE BEETE

Für die Bouillon:
2 ZWIEBELN
2 MOHRRÜBEN
PORREE, CA. 15 CM LANG
8 WEISSE PFEFFERKÖRNER
2 LORBEERBLÄTTER

Das Fleisch in einen mit kaltem Wasser
gefüllten Topf mit dickem Boden legen und
aufkochen lassen. Das Wasser abgießen,
das Fleisch abspülen und den Topf aus-
waschen; auf diese Weise wird die Bouillon
klarer. Das Fleisch wieder in den mit
kaltem Wasser gefüllten Topf geben und
aufkochen. Gemüse und Gewürze zufügen
und das Fleisch ca. 1 Stunde lang kochen,
bis es weich ist. Dann das Fleisch über
Nacht in die Presse legen.

Das Kalbfleisch säubern und in dünne
Scheiben schneiden. Die Blattpetersilie in
feine Streifen schneiden und mit dem
Fleisch mischen. Die Bouillon vorsichtig
einkochen lassen, damit sie nicht trüb
wird. Die eingeweichte Gelatine in der
Bouillon auflösen. Dann die Bouillon
erkalten lassen und über das Kalbfleisch
geben, bis das Fleisch bedeckt ist.

Mit Salz und Pfeffer abschmecken und
etwas Zitronensaft zufügen. In Portions-
förmchen oder eine mit Folie ausgekleidete
Kastenform füllen. Unter leichtem Druck
24 Stunden im Kühlschrank aufbewahren.

Den Essig mit dem Zucker einkochen, bis
nur noch die Hälfte der Flüssigkeit übrig
ist, dann abkühlen lassen. Die Kalbssülze
vorsichtig aufschneiden und dünn gehobelte
Scheiben rote Beete ringsum verteilen.
Den kalten Balsamicosirup darüberringeln
und auftragen. (Man benötigt nicht den
ganzen Balsamicosirup, aber eine geringere
Menge läßt sich leider nicht zubereiten.)

Wallenberger

Wallenbergare

FÜR 4 PERSONEN

400 G GEHACKTES VOM KALB
200 ML SCHLAGSAHNE
4 EIGELB
1 TL SALZ
ETWAS WEISSER PFEFFER AUS DER MÜHLE

Zum Braten:
2 EL BUTTER
SEMMELBRÖSEL

Darauf achten, daß alle Zutaten gut gekühlt sind. Die Sahne nach und nach unter das Kalbsgehackte kneten. Das Eigelb eins nach dem anderen unterrühren. Zuletzt das Salz und den weißen Pfeffer unterarbeiten.

Das Gehackte auf einem angefeuchteten Schneidebrett zu 8 Beefsteaks formen. Die Beefsteaks in Semmelbrösel wenden und bei schwacher Hitze ca. 3 min auf jeder Seite braten, bis sie goldbraun und locker sind.

Dazu wird Kartoffelbrei, kleine zarte Erbsen und zerlassene Butter serviert.

Die Wallenbergs sind eine der vermögendsten Familien Schwedens. So ist auch der aus fein gemahlenem Kalbsgehackten zubereitete Wallenberger eines der reichhaltigsten Fleischgerichte der schwedischen Küche.

GLASARBEITEN DER KÜNSTLERIN ULRIKA HYDMAN-VALLIEN, KOSTA BODA, ÅFORS IM SMÅLANDISCHEN GLASREICH

Polkagris-Pfefferminzbonbons

Polkagrisar

CA. 500 G

500 G ZUCKER
250 ML WASSER
1 EL GLUKOSE
1/2 TL ESSIGESSENZ
2–3 TROPFEN PFEFFERMINZÖL
ROTE BONBONFARBE
(LEBENSMITTELFARBE)

Zucker, Wasser, Glukose und Essigessenz in einem Topf mischen und einige Stunden stehen lassen, bis sich der Zucker teilweise aufgelöst hat. Die Zuckerlösung kurz aufkochen und dann im Topf abkühlen lassen. Ca. 3/4 der Zuckerlösung auf ein gefettetes Blech geben und das Pfefferminzöl zufügen. Die Kanten mit Hilfe eines geölten breiten Messers oder Bratenwenders nach innen schlagen, so daß die Masse nicht ungleichmäßig hart wird. Die Masse anschließend mit dem Messer oder Bratenwender durcharbeiten, bis man sie mit den Händen weiter beabeiten kann. Nun die Masse mit eingeölten Händen durcharbeiten: zusammenschlagen und auseinanderziehen.

Die restliche Zuckerlösung mit der Bonbonfarbe rot färben und als Streifen an den Rand des Bleches gießen. Die weiße Masse zu einem langen Strang drehen und auf das Blech legen. Den roten Strang längs teilen und je einen Streifen seitlich links und rechts an den weißen Strang legen. Die Stränge miteinander verdrehen und mit Hilfe einer eingeölten Schere in kleine Polkagris-Pfefferminzbonbons schneiden.

Die rotweiße Süßigkeit aus Gränna lockt Besucher aus aller Welt an. Polkagris-Pfefferminzbonbons gibt es in vielen verschiedenen Formen, aber sie ähneln nie einem Schwein (gris – dt. Schwein). Eine Naschkatze heißt im Schwedischen jedoch gottegris, Naschschwein.

Zimtschnecken und schwarzer Johannisbeersaft

Kanelbullar och svartvinbärssaft

CA. 36–40 STÜCK

Zimtschnecken:
100 G BUTTER
0,5 L MILCH
50 G HEFE
1/2 TL SALZ
80–120 G ZUCKER
1 TL GESTOSSENER KARDAMOM
CA. 800 G WEIZENMEHL

Für die Füllung:
100 G BUTTER
80 G ZUCKER
2 EL GEMAHLENER ZIMT

Zum Bestreichen und Garnieren:
1 EI
HAGELZUCKER

Die Butter zerlassen, die Milch zufügen und auf ca. 37°C erwärmen.

Die Hefe in eine Backschüssel krümeln, etwas warme Milchmischung zugießen und die Hefe darin auflösen. Die restliche Milch, Salz, Zucker, den frisch gestoßenen Kardamom und ca. 2/3 des Mehls zugeben und zu einem glatten und geschmeidigen Teig verarbeiten. Mehr Mehl zufügen, dabei etwas für später aufheben. Der Teig ist fertig, wenn er sich leicht vom Schüsselrand löst. Etwas Mehl über den Teig streuen, die Schüssel mit einem Tuch abdecken und den Teig an einem geschützten Platz ca. 30 min gehen lassen, bis er die doppelte Größe erreicht hat.

Anschließend den Teig einige Minuten in der Schüssel durchkneten. Den Teig auf einer gemehlten Arbeitsfläche mit dem restlichen Mehl verkneten, bis er sich leicht von der Arbeitsfläche und den Händen löst.

Den Teig ausrollen, vorsichtig die auf Zimmertemperatur erwärmte Butter darauf verteilen, mit Zucker und Zimt bestreuen und längs zusammenrollen. Die Teigrolle anschließend in 1–2 cm breite Scheiben schneiden, diese auf ein mit Backpapier belegtes Backblech legen und ca. 30 min gehen lassen.

Den Backofen auf 250°C erhitzen. Die Schnecken mit dem geschlagenen Ei bestreichen und mit Hagelzucker garnieren. Dann das Gebäck 5–10 min auf der mittleren Schiene im Ofen backen. Unter einem Tuch abkühlen lassen.

Schwarzer Johannisbeersaft:
CA. 4 LITER

3 KG SCHWARZE JOHANNISBEEREN
1 L WASSER
KNAPP 500 G ZUCKER PRO L SAFT
1 MESSERSPITZE NATRIUMBENSONAT PRO L SAFT
1 MESSERSPITZE KALIUMSORBAT PRO L SAFT

Die Beeren waschen und verlesen. Das Wasser in einem geräumigen Topf mit dickem Boden aufkochen, die Beeren zufügen und zugedeckt ca. 10 min kochen lassen. Dabei die Beeren mit einem Holzlöffel ab und zu am Topfrand zerdrücken.

Den Saft 30 min durch ein sauberes Geschirrtuch ablaufen lassen. Den Saft abmessen und in den gesäuberten Topf zurückgießen. Den Saft aufkochen lassen, den Zucker hineinrühren und nochmals aufkochen, dabei sorgfältig abschäumen. Den Saft vom Herd nehmen, das Konservierungsmittel in etwas heißem Saft verrühren und in den Topf geben.

Den heißen Saft in sorgfältig gereinigte Flaschen füllen und noch heiß mit einem Korken verschließen.

Um Schweden so richtig verstehen zu können, muß man den Begriff fika (Kaffeetrinken) kennen. Ein Kaffee und ein sogenanntes Fikabröd (Kaffeegebäck) dazu, das gehört zum echten schwedischen Lebensstil. Und kein anderes Fikabröd ist so beliebt wie Zimtschnecken.

Lachsauflauf
mit Dillbutter

Laxpudding med dillsmör

FÜR 4 PERSONEN

600 G KALTE GEKOCHTE PELLKARTOFFELN
1 KLEINE ZWIEBEL, FEIN GEHACKT
BUTTER ZUM BRATEN UND BACKEN
400 G LACHS, GESALZEN ODER GEBEIZT
WEISSER PFEFFER AUS DER MÜHLE
1 BUND DILL, GEHACKT
400 ML SAHNEMILCH (200 ML SAHNE +
200 ML MILCH)
3 EIER

Den Backofen auf 175°C anheizen.
Die Kartoffeln schälen und in Scheiben
schneiden. Die Zwiebel fein schneiden
und in Butter glasig dünsten. Den Lachs
trocken tupfen, in kleine dünne Scheiben
schneiden und pfeffern.

Die Kartoffeln und den Lachs abwechselnd
in eine feuerfeste Form schichten, dabei
den gehackten Dill und die Zwiebel
zwischen den Schichten verteilen. Die
erste und letzte Schicht soll hierbei aus
Kartoffeln bestehen.

Die Sahnemilch mit den Eiern verrühren
und mit frisch gemahlenem Pfeffer würzen
(abhängig von der Salzigkeit des Lachses
wird nur sehr wenig Salz benötigt). Die
Eimilch über den Lachs und die Kartoffeln
geben, mit Butterflöckchen belegen und
im Backofen 45–60 min backen.

Dillbutter:
80 G BUTTER, ZIMMERTEMPERATUR
SALZ UND PFEFFER AUS DER MÜHLE
1 BUND FEIN GEHACKTER DILL

Die Butter mit dem Rührgerät schaumig
schlagen, mit Salz und Pfeffer würzen und
den Dill unterrühren.

Erdbeercrème

Jordgubbskräm

FÜR 4 PERSONEN

300–400 G FRISCHE ERDBEEREN
0,5 L WASSER
60–80 G ZUCKER
2 1/2 EL KARTOFFELSTÄRKE

Die Erdbeeren putzen und abspülen.
Größere Beeren halbieren oder in
Scheiben schneiden. In einem Topf die
Erdbeeren mit dem Wasser, Zucker und
der Kartoffelstärke mischen und unter
vorsichtigem Umrühren aufkochen lassen.
Die Crème sofort in eine Schüssel füllen
und mit etwas Zucker bestreuen, damit
sich keine Haut bildet. Abkühlen lassen.

Statt Erdbeeren können auch andere
saftige Beerensorten wie Himbeeren,
Blaubeeren oder rote Johannisbeeren
verwendet werden.

Die Crème noch warm oder kalt mit
Milch servieren.

44

Erdbeertorte

Jordgubbstårta

CA. 10 STÜCK

Für den Tortenboden:
4 EIER
150 G ZUCKER
100 G WEIZENMEHL
100 G KARTOFFELSTÄRKE
2 TL BACKPULVER

Den Backofen auf 175°C erhitzen.

Eier und Zucker schaumig schlagen. Mehl, Kartoffelstärke und Backpulver durch ein Sieb geben und vorsichtig unter die Ei-Zuckermischung heben. Den Teig in eine gefettete und gemehlte Backform (25 cm Durchmesser) geben und auf der mittleren Schiene 35 min backen. Den Tortenboden kurz ruhen lassen, bevor er aus der Form genommen wird und auf einem Rost mit einem Tuch abgedeckt abkühlt.

Für die Füllung:
400 G FRISCHE ERDBEEREN
2 EL ZUCKER
1 BANANE
400 ML SCHLAGSAHNE
2 EL APRIKOSENMARMELADE

Den Tortenboden in zwei Böden teilen. 150 g Erdbeeren mit dem Zucker und der Banane pürieren. Das Püree auf einem Tortenboden verteilen und den anderen Tortenboden darüberlegen.

Die Sahne steif schlagen und gleichmäßig über die ganze Torte, auch am Tortenrand, verteilen. Die restlichen Erdbeeren halbieren und die Torte damit garnieren.

Die Aprikosenmarmelade in einem kleinen Topf oder in der Mikrowelle flüssig werden lassen und die Erdbeeren vorsichtig mit der Marmelade glasieren, so daß sie eine glänzende Oberfläche bekommen.

Drei Sandviker

Tre sandvikare

FÜR 8 PERSONEN

Krabben:
4 DÜNNE WEISSBROTSCHEIBEN
4 EL MAYONNAISE
4 HART GEKOCHTE EIER
24 KRABBEN, GESCHÄLT
1 ZWEIG DILL

Die Brotscheiben halbieren oder mit einer Plätzchenform jeweils zwei Rundlinge ausstechen.

Reichlich Mayonnaise auf die Brote streichen. Die hart gekochten Eier vierteln und jedes Brot mit zwei Vierteln belegen. Die Krabben auf die Eier legen und mit Dill garnieren.

Käse:
4 DÜNNE SCHEIBEN ROGGENBROT
200 G ROQUEFORTKÄSE, IN 8 SCHEIBCHEN AUFGESCHNITTEN
1/2 BIRNE
2 RADIESCHEN

Die Brotscheiben halbieren oder mit einer Plätzchenform jeweils zwei Rundlinge ausstechen.

Eine Scheibe Käse auf jedem Brot verteilen, die Birne in Streifen schneiden und auf den Käse legen. Mit dünn geschnittenen Radieschenscheiben garnieren.

Fleisch:
2 TL GERIEBENER MEERRETTICH
4 EL FRISCHKÄSE
4 DÜNNE SCHEIBEN GROBES WEISSBROT
8 DÜNN GESCHNITTENE SCHEIBEN GERÄUCHERTES RENTIERFLEISCH
SCHNITTLAUCH

Den geriebenen Meerrettich mit dem Frischkäse verrühren. Die Brotscheiben halbieren oder mit einer Plätzchenform jeweils zwei Rundlinge ausstechen. Den Meerrettichfrischkäse auf die Brote streichen, die Rentierfleischscheiben einmal zusammenschlagen und die Brote damit belegen. Mit Schnittlauch garnieren.

Anschovis

Ansjovis

Anschovis bereitet man aus Heringen zu, die direkt in Konservenbüchsen oder in großen Holzfässern in einer Mischung aus Zucker, Salz und Gewürzen eingelegt werden. Nach vier bis sechs Wochen kann man sich die leckeren Anschovis schmecken lassen.

Falsche Anschovis:
600 G AUSGENOMMENER STRÖMLING
(1 KG FRISCHER STRÖMLING)
SALZ
100–150 ML ÖL
2 EL ESSIGESSENZ (24%IG)
2 EL KETCHUP
2 EL DILL, FEIN GEHACKT
1 1/2 EL ZUCKER
SALZ
4 SPRITZER TABASCO

Die Rückenflosse entfernen, die Strömlinge abspülen und innen salzen. Die Strömlinge mit der Haut nach oben in eine feuerfeste Form schichten. Öl, Essigessenz, Ketchup, Dill, Zucker, Salz und Tabasco mischen, über die Heringe verteilen und bei 175°C ca. 30 min im Backofen garen. Anschließend abkühlen lassen.

Die Strömlinge lauwarm oder kalt mit gekochten Kartoffeln und Knäckebrot servieren.

Schwedisches Hoppelpoppel

Pytt i panna

FÜR 4 PERSONEN

10–12 GEKOCHTE KALTE KARTOFFELN
300 G FLEISCH: RINDERBRUST,
KALBFLEISCH ODER GEPÖKELTER
SCHWEINEBRATEN UND KOCHWURST
2 ZWIEBELN, FEIN GEHACKT
SALZ UND PFEFFER
2 EL BUTTER
4 EIER

Beilagen:
EINGELEGTE ROTE BEETE UND SALZGURKE
WORCESTERSAUCE, HP-SAUCE

Die Kartoffeln schälen und würfeln. Das Fleisch in gleichmäßige Würfel schneiden und die Zwiebel fein schneiden. Die Kartoffeln und Zwiebeln in einer großen Bratpfanne braten und auf eine große Platte geben.

Das Fleisch knusprig braun braten, die Kartoffel-Zwiebelmischung vorsichtig untermischen und mit Salz und Pfeffer würzen.

Eier braten und dazu reichen. Worcestersauce, HP-Sauce, eingelegte rote Beete und Salzgurken ergänzen das Gericht.

Roggenknäckebrot

Hårt rågbröd

CA. 25 KNÄCKEBROTE

50 G HEFE
1 L WASSER
5 TL SALZ
4 TL GESTOSSENER FENCHEL
900 G GROBES ROGGENMEHL
850 G WEIZENMEHL

Die Hefe in handwarmem Wasser, 37°C, auflösen, Salz, gestoßenen Fenchel und Mehl zufügen und zu einem geschmeidigen Teig verarbeiten. Ca. 30 min ruhen lassen.

Den Teig millimeterdick ausrollen. Mit Hilfe eines Tellers oder einer ähnlichen Form Rundlinge ausstechen oder den Teig in 25 Brötchen teilen und diese jeweils millimeterdick ausrollen. Mit einem gemusterten Nudelholz ausrollen oder mit einer Gabel einstechen. 30 min gehen lassen.

Auf einem heißen Backblech ungefähr 10 min bei 200°C backen. Auf einem Rost erkalten lassen.

Kalt gerührte Preiselbeerkonfitüre

Rårörda lingon

CA. 2,5 LITER

2 KG PREISELBEEREN
1,2 KG ZUCKER

Die Preiselbeeren verlesen, waschen und in ein Gefäß geben. Den Zucker unterrühren, bis er sich aufgelöst hat und die Beeren breiig sind. Die Konfitüre in saubere kalte Gläser füllen und gut verschließen.

Preiselbeeren können auch eingefroren und portionsweise verarbeitet werden.

Kalt gerührte Preiselbeerkonfitüre eignet sich ebenfalls gut zum Einfrieren, wird jedoch nach 3–4 Monaten bitter.

Safranspfannkuchen

Saffranspannkaka

FÜR 8 PERSONEN

2 EL REISKÖRNER
100 ML WASSER
400 ML MILCH
300 ML SCHLAGSAHNE
1 EL BUTTER
1 PRISE SALZ
1 G SAFRAN
2 EL COGNAC
3 EL HONIG
2 MESSERSPITZEN ZIMT
1/4 TL GESTOSSENER KARDAMOM
50 G SÜSSE MANDELN, FEIN GEHACKT
4 EIER
1 EL WEIZENMEHL
2 EL MILCH

Reis mit dem Wasser kochen, bis es eingekocht ist. Mit Milch und Sahne auffüllen und ca. 40 min köcheln, bis der Reis weich ist. Salz und Butter unterrühren. Den Safran mit Cognac, Honig, Zimt, Kardamom und den gehackten Mandeln mischen, unter den Reis heben und abschmecken.

Den Backofen auf 200°C anheizen. Die Eier schaumig schlagen, das Mehl in der Milch verrühren und zusammen mit dem Ei unter den Reis mischen. Die Reismischung in eine gefettete feuerfeste Form füllen und auf der unteren Schiene 20 min backen.

Der Pfannkuchen schmeckt noch warm mit Schlagsahne sowie Beeren oder Konfitüre.

Multbeerensuppe

Hjortronsoppa

FÜR 4 PERSONEN

80 G ZUCKER
400 G MULTBEEREN
200 ML WEISSWEIN
0,5 L WASSER
50 ML FRISCH GEPRESSTER ZITRONENSAFT
50 ML FRISCH GEPRESSTER ORANGENSAFT
1 ZIMTSTANGE
1/2 VANILLESTANGE
1–1 1/2 EL MAIZENA ODER KARTOFFELSTÄRKE

Den Zucker in einem Topf mit dickem Boden verflüssigen, die Multbeeren vorsichtig zufügen und mit der Flüssigkeit auffüllen. Sobald es kocht, die Hälfte der Multbeeren mit einem Schaumlöffel herausnehmen und zum Garnieren beiseite stellen. Die Gewürze zufügen und 15 min bei schwacher Hitze köcheln lassen. Mit in etwas Wasser angerührtem Maizena oder Kartoffelstärke abbinden. Die Suppe durch ein Sieb geben, die Gewürze und die zerkochten Multbeeren entfernen und die nach dem Aufkochen herausgenommenen ganzen Beeren in die Suppe geben.

Die Suppe wird kalt oder warm mit Vanilleeis serviert.

Punschtorte

Punschtårta

CA. 8 TORTENSTÜCKE

4 EIER
120 G ZUCKER
180 G WEIZENMEHL
1 TL BACKPULVER
40 G ZUCKER
100 ML WASSER
200 ML PUNSCH

Für die Garnierung:
200 ML SCHLAGSAHNE
100 G BITTERSCHOKOLADE

Den Backofen auf 200°C erhitzen. Die Eier mit dem Zucker zu einem weißen Schaum schlagen und das mit dem Backpulver vermischte Mehl unterrühren. Den Teig in eine gut gefettete und gemehlte Form (Ø 20 cm) geben und 25 min backen.

Das Wasser mit dem Zucker aufkochen, vom Herd nehmen und den Punsch zufügen. Die Flüssigkeit über den Kuchen gießen und den Kuchen kalt stellen. Die Sahne steif schlagen und auf dem Kuchen verteilen. Die Schokolade mit einem Kartoffelschäler raspeln und auf die Torte streuen.

Zwieback

Skorpor

CA. 100 STÜCK

175 G BUTTER
0,5 L MILCH
50 G HEFE
1/2 TL SALZ
120 G ZUCKER
2 TL FEIN GESTOSSENER KARDAMOM
1 TL BACKPULVER
CA. 850 G WEIZENMEHL

Die Butter zerlassen und die Milch zugeben, auf 37°C erwärmen.

In einer Schüssel die Hefe in etwas warmer Milchmischung auflösen, die restliche Milch sowie Salz, Zucker, Kardamom und eventuell etwas Backpulver, das den Zwieback besonders kross werden läßt, zugeben. Soviel Mehl zufügen, bis sich der Teig einfach durcharbeiten läßt. Den Teig mit etwas Mehl bestreuen und mit einem Tuch bedeckt an einem geschützten Ort 30–40 min gehen lassen.

Das restliche Mehl unter den Teig kneten, den Teig auf eine Arbeitsfläche geben und zu 50 runden Brötchen formen. Die Brötchen auf gefetteten Backblechen oder auf Backpapier mit einem Tuch bedeckt 30 min gehen lassen.

Auf der mittleren Schiene bei 225°C 10 min backen. Mit einem Tuch bedeckt auf einem Rost abkühlen lassen. Die Brötchen mit einer Gabel oder einem Brotmesser halbieren.

Bei 175–200°C nochmals ca. 5 min im Backofen bräunen.

Anschließend bei 100°C ca. 2 Stunden lang im Backofen trocknen. Beim Trocknen die Ofenklappe einen Spalt offen stehen lassen. Es können gern zwei Bleche mit Zwieback gleichzeitig in der Backröhre trocknen, dann diese nach der Hälfte der Zeit miteinander austauschen.

TÄNNFORSEN, JÄMTLAND

Gebeizter Braten und Herbstwurzelgratin

Tjälknöl och gratinerade höströtter

FÜR 12 PERSONEN

1,5–2 KG ELCH- ODER RINDERBRATEN, TIEFGEFROREN
1 L WASSER
80 G SALZ (OHNE JODZUSATZ)
1 EL ZUCKER
1 TL SCHWARZE PFEFFERKÖRNER, GESTOSSEN
8 ZERDRÜCKTE WACHOLDERBEEREN
1 TL ROSMARIN
1 ZERBRÖSELTES LORBEERBLATT

Das tiefgefrorene Fleisch ca. 12–15 Stunden bei 75°C im Backofen garen, bis das Fleischthermometer 64°C anzeigt. Dafür sollte möglichst eine feuerfeste Form verwendet werden.

Aus Wasser, Salz, Zucker und Gewürzen eine Beize zubereiten, aufkochen und dabei darauf achten, daß Salz und Zucker sich auflösen. Den Braten in einen doppelten Gefrierbeutel geben und die Beize zufügen. Den Kunststoffbeutel verschließen und ca. 5 Stunden stehen lassen.

Das Fleisch aus dem Beutel herausnehmen, in dünne Scheiben schneiden und z.B. mit Herbstwurzelgratin servieren. Die dünnen Fleischscheiben schmecken auch als Brotbelag ausgezeichnet.

Herbstwurzelgratin:
FÜR 12 PERSONEN

1,5 KG KARTOFFELN
8 MOHRRÜBEN
1 KOHLRÜBE
4 PASTINAKEN
1 SELLERIEKNOLLE
400 ML CRÈME FRAICHE
SALZ UND WEISSER PFEFFER AUS DER MÜHLE
3 KNOBLAUCHZEHEN, FEIN GEHACKT
13 FRISCHE THYMIANZWEIGE
300 G GERIEBENER KÄSE, NICHT ZU MILD

Das Gemüse schälen und in Scheiben schneiden. Reichlich Salzwasser zum Kochen bringen und die Mohrrüben, Pastinaken und den Sellerie darin vorkochen, mit einem Schaumlöffel herausnehmen und abtropfen lassen. Die Kohlrübe separat kochen (sie muß etwas länger kochen). Die Kartoffeln werden nicht vorgekocht.

Die Crème fraiche mit Salz, weißem Pfeffer, Knoblauch und den abgezogenen Thymianblättchen würzen und unter das Wurzelgemüse mischen. Die Hälfte des geriebenen Käses mit den Wurzelgemüsen in eine feuerfeste Form schichten und mit dem restlichen Käse bestreuen. 30 min bei 200°C im Backofen überbacken.

Ein Gericht, das durch ein Versehen entstand. Eine Frau, die einen tiefgefrorenen Braten bei 70°C in den Backofen gelegt hatte – um ihn aufzutauen – bat ihren Mann, den Braten nach einigen Stunden herauszunehmen. Aber ihr Mann vergaß den eisigen Fleischklumpen (knöl av tjäle – gefrorener Klumpen) und so blieb der Braten über Nacht in der Bratröhre.

Siebenerlei Gebäck

Sju sorters kakor

Kolaplätzchen
CA. 40 PLÄTZCHEN

200 G BUTTER, ZIMMERTEMPERATUR
120 G ZUCKER
2 EL ZUCKERSIRUP
2 TL BACKPULVER
2 EL VANILLEZUCKER
400 G WEIZENMEHL

Den Backofen auf 200°C erhitzen.
Alle Zutaten miteinander verkneten,
den Teig zu drei langen Rollen formen,
die Rollen platt drücken und auf einem
mit Backpapier belegten Blech goldbraun
backen, ca. 8 min. Aus dem Ofen nehmen
und in ca. 3 cm breite diagonale Plätzchen
schneiden. Abkühlen lassen.

Träume
CA. 60 PLÄTZCHEN

200 G BUTTER, ZIMMERTEMPERATUR
120 G ZUCKER
1 1/2 EL VANILLEZUCKER
1/2 TL HIRSCHHORNSALZ
330 G WEIZENMEHL

Den Backofen auf 150°C vorwärmen.
Butter und Zucker schaumig rühren, den
Vanillezucker und das in etwas Wasser
verrührte Hirschhornsalz zufügen. Das
Mehl unterkneten und alles zu einem
geschmeidigen Teig verarbeiten. Den Teig
in drei Teile teilen und aus jedem Teil 20
Kügelchen rollen. Auf ein mit Backpapier
belegtes Blech legen und jedes Kügelchen
mit dem Finger kurz breitdrücken. Im
Backofen ca. 20 min backen.

Schokoladenschnittchen
CA. 80 PLÄTZCHEN

330 G WEIZENMEHL
200 G ZUCKER
4 EL KAKAOPULVER
1 EL VANILLEZUCKR
1 TL BACKPULVER
200 G BUTTER, ZIMMERTEMPERATUR
1 EI

Für die Garnierung:
1 EI, GESCHLAGEN
HAGELZUCKER

Den Backofen auf 200°C erhitzen. Die
trockenen Zutaten miteinander vermischen,
die Butter und das Ei schnell unterarbeiten
und zu einem geschmeidigen Teig kneten.
Den Teig in sechs Teile aufteilen und zu
fingerdicken Stangen formen. Auf ein
mit Backpapier belegtes Blech legen und
die Stangen platt drücken. Mit dem
geschlagenen Ei bestreichen und mit
Hagelzucker bestreuen.

Die Stangen im Backofen bei 200°C ca.
15 min backen. Abkühlen lassen und dann
in ca. 3 cm breite diagonale Stückchen
schneiden.

Nußstangen
CA. 40 PLÄTZCHEN

100 G GEMAHLENE HASELNUSSKERNE
200 G BUTTER
80 G ZUCKER
220 G WEIZENMEHL

Für die Garnierung:
GEHACKTE HASELNUSSKERNE

Den Backofen auf 200°C vorwärmen.
Butter und Zucker schaumig rühren, die
Nüsse und das Mehl unterrühren und zu
einem Teig kneten. Den Teig in vier Teile
teilen und zu fingerdicken Rollen formen.
Die Rollen auf ein mit Backpapier belegtes
Blech legen und jede Rolle in zehn Teile
schneiden. Die Stäbchen mit dem Finger
kurz platt drücken und mit den gehackten
Haselnüssen bestreuen. Ca. 12 min im
Ofen backen.

Marmeladenbrot
CA. 30 PLÄTZCHEN

150 G BUTTER, ZIMMERTEMPERATUR
40 G ZUCKER
1 EIGELB
2 TL VANILLEZUCKER
200 G WEIZENMEHL
3 EL MARMELADE, Z.B. HIMBEER- ODER
ERDBEERMARMELADE

Den Backofen auf 200°C erhitzen. Butter
und Zucker schaumig rühren, das Eigelb
und den Vanillezucker zufügen. Das Mehl
rasch unterkneten und den Teig zu zwei
ca. 15 cm langen Rollen verarbeiten.
Die Teigrollen kalt stellen, damit sie
hart werden. In ca. 1 cm dicke Scheiben

schneiden, in die Mitte jedes Plätzchens mit
dem Finger ein Loch drücken und einen
Klecks Marmelade einfüllen. Etwa 5–7 min
bei 200°C backen, bis die Plätzchen eine
goldgelbe Farbe angenommen haben.

Schachplätzchen
CA. 60 PLÄTZCHEN

200 G BUTTER, ZIMMERTEMPERATUR
330 G WEIZENMEHL
80 G ZUCKER
2 EL KAKAO

Den Backofen auf 200°C vorwärmen. Mehl
und Butter miteinander verkneten, danach
den Zucker unterarbeiten. Den Teig in
zwei gleich große Teile teilen und in einen
Teil den Kakao unterkneten. Die beiden
Teige jeden für sich gut durchkneten und
je zwei braune und zwei weiße Teigrollen
formen. Eine weiße Rolle neben eine
braune Rolle legen, dann die braune Rolle
oben auf die erste weiße legen und die
noch übrige weiße Rolle auf die braune
legen, so daß ein Schachbrettmuster
entsteht. Eine Stunde kalt stellen.

Den Teig in ca 1–1 1/2 cm dicke Scheiben
schneiden und auf ein mit Backpapier
belegtes Blech legen. Bei 200°C ca. 5–7
min backen. Die Plätzchen auf einem Rost
abkühlen lassen.

Haferkekse
CA. 60 PLÄTZCHEN

200 G HAFERFLOCKEN
240 G ZUCKER
130 G WEIZENMEHL
1 1/2 TL BACKPULVER
200 G BUTTER, ZIMMERTEMPERATUR
80 G ROSINEN

Den Backofen auf 200°C vorheizen. Die
trockenen Zutaten miteinander mischen,
die Butter mit einem Messer unter die
Mehlmischung hacken. Die Rosinen grob
hacken und zufügen. Alle Zutaten zu einem
geschmeidigen Teig verarbeiten und kleine
Kugeln formen. Die Kugeln auf ein mit Backpapier belegtes Blech legen und ca. 12 min
auf der mittleren Schiene bei 200°C backen.

Die Schweden lieben ihren Kaffee (Schweden
belegt den zweiten Platz in der Welt im Pro-
Kopf-Verbrauch) – und Süßigkeiten. Das zum
Kaffee servierte "Siebenerlei Gebäck" entstand
im 17.Jahrhundert etwa zur gleichen Zeit, als
der Begriff Kafferep (Kaffeekränzchen) aufkam.

Gebeizter Lachs
mit Senf-Dillsoße

Gravad lax med senapssås

FÜR 10 PERSONEN

1 KG LACHS, MITTELTEIL EINER LACHS-
HÄLFTE, FRISCH UND VON BESTER
QUALITÄT (IM FRÜHJAHR IST DER LACHS
AM BESTEN)
2 TL SPEISEÖL
4 EL ZUCKER
2 EL SALZ
1 TL ZERSTOSSENER WEISSER PFEFFER
1 GROSSES BUND DILL (STENGEL),
GEHACKT

Den Lachs säubern. Im Geschäft bereits
darum bitten, daß die Gräten entfernt
werden, oder die Gräten ertasten und
diese mit einer kleinen Zange entfernen.
Das Lachsstück sorgfältig von Gräten und
Fett befreien, die Haut nicht entfernen.
Das Fischfleisch mit etwas Speiseöl
anfeuchten. Zucker, Salz, weißen Pfeffer
und reichlich Dill miteinander mischen
und die Fleischseite mit der Gewürzmischung einreiben.

Eine passende Form mit reichlich Dill
auslegen, das Lachsstück mit der Hautseite
nach oben hineinlegen und nochmals Dill
oben auf dem Fisch verteilen. Den Lachs
mit einem Schneidebrett oder ähnlichem
abdecken und mit einem leichten Gewicht
beschweren, so daß der Fisch leicht
gepreßt wird. Die Form 1/2–1 Tag kalt
stellen. Dabei den Lachs mehrmals
wenden. Knapp 24 Stunden ist genau die
richtige Zeit, den Lachs nicht länger in der
Beize liegen lassen, da er sonst trocken
und hart wird.

Die Gewürzmischung abschaben und den
Lachs in dünne Scheiben oder in 3 cm
dicke gerade Stücke ohne Haut schneiden.
Die geschuppte Haut wird in 1 cm breite
Streifen geschnitten, in Öl getaucht und
kurz angebraten. Die Hautstreifen werden
warm als Garnitur zum kalten Lachs
aufgetragen.

Lachsforellen und große Saiblinge eignen
sich ebenfalls ausgezeichnet zum Beizen.

Senf-Dillsoße:
1 EL MILDER SCHWEDISCHER SENF
1 TL DUNKLER FRANZÖSISCHER SENF
1/2 EL HONIG
1 EL ROTWEINESSIG
SALZ UND WEISSER PFEFFER AUS DER
MÜHLE
200 ML SPEISEÖL (KEIN OLIVENÖL)
REICHLICH GEHACKTER DILL

Aus Senf, Honig und Essig eine recht süße
Mischung zubereiten und mit etwas Salz
und Pfeffer würzen. Anschließend mit
einer Gabel kräftig rühren, dabei das Öl
zufügen.

Wenn die Soße fertig ist und ungefähr die
gleiche Konsistenz wie Mayonnaise auf-
weist, wird der Dill untergerührt und
nochmals mit Salz und weißem Pfeffer
abgeschmeckt.

Um den vor 400 Jahren reichlich gefangenen
Lachs haltbar zu machen, begrub man ihn in
Salz, dem Kühlschrank der damaligen Zeit.
Das schwedische Wort gravad (gebeizt) stammt
ursprünglich von gräva (graben) und grav
(Grab).

DALAPFERDCHEN-HERSTELLUNG IN NUSNÄS, DALARNA

Eingelegter Hering

Inlagd sill

FÜR 4 PERSONEN

8 GEWÄSSERTE SALZHERINGFILETS

Für die Marinade:
300 ML WASSER
100 ML ESSIGESSENZ
150 G ZUCKER
2 ZWIEBELN, IN SCHEIBEN GESCHNITTEN
1 TL GESTOSSENE WEISSE PFEFFERKÖRNER
2 TL GESTOSSENE PIMENTKÖRNER

Für die Garnierung:
1 ROTE ZWIEBEL, IN STREIFEN
GESCHNITTEN
2 MOHRRÜBEN, IN STREIFEN
GESCHNITTEN
1 MEERRETTICHSTÜCK (CA. 3×3 CM),
IN STREIFCHEN GESCHNITTEN
2 LORBEERBLÄTTER

Alle kleinen Gräten aus den Heringsfilets
entfernen und anschließend so lange
spülen, bis das Wasses klar bleibt.

Wasser, Essig, Zucker, Zwiebeln und die
leicht gestoßenen Pfeffer- und Pimentkörner
aufkochen und die Marinade abkühlen
lassen.

Die Heringsfilets in ca. 2 cm breite diagonale
Stückchen schneiden und in eine Schüssel
legen. Die Marinade darübergeben und
mindestens 24 Stunden kalt stellen. Mit
Streifen roter Zwiebel und den in dünne
Streifen geschnittenen Mohrrüben und
dem Meerrettich sowie den Lorbeer-
blättern garnieren.

Möchte man eine größere Menge Hering
einlegen, läßt man die Filets am besten
im Ganzen und legt diese in einem tiefen
Tontopf oder einem Glas ein. Vor dem
Servieren wird der Hering dann in mund-
gerechte Happen geschnitten und mit
frischen Gemüsestreifchen und gestoßenen
Gewürzen garniert und mit etwas Marinade
übergossen.

Kein anderes Gericht ist so wie der Hering mit
dem schwedischen Sommer verbunden. Ein-
gelegter Hering wird kalt und ausschließlich
mit gekochten Frühkartoffeln, saurer Sahne
und Schnittlauch gegessen.

Blaubeerauflauf mit Vanillesoße

Blåbärspaj med vaniljsås

FÜR 6 PERSONEN

200 G BUTTER
80 G ZUCKER
1 1/2 TASSEN ZUCKERSIRUP
200 G HAFERFLOCKEN
130 G WEIZENMEHL
4 EL SCHLAGSAHNE
350 G BLAUBEEREN
2 EL ZUCKER
2 EL MAIZENA

Den Backofen auf 175°C vorwärmen. Die Butter zerlassen, Zucker und Sirup unterrühren. Die Haferflocken, das Weizenmehl und die Sahne untermischen. Die Hälfte der Masse in eine Auflaufform krümeln. Die Blaubeeren darauf verteilen, den Zucker mit Maizena mischen und darüberstreuen. Die restlichen Teigstreusel über die Beeren verteilen und ca. 20 min im Ofen backen. Den Blaubeerauflauf noch warm oder kalt mit Vanillesoße servieren.

Vanillesoße:
1 VANILLESTANGE
300 ML MILCH
2 EL ZUCKER
3 EIGELB
200 ML SCHLAGSAHNE

Die Vanillestange längs teilen und das schwarze Mark aus der Stange schaben. Die Vanillestange und das Mark in einen Topf mit dickem Boden geben (der Topf darf nicht aus Aluminium sein, da sich sonst das Eigelb verfärbt) und mit der Milch aufkochen. Zucker zusammen mit den Eigelb schlagen und unter Umrühren die Vanillemilch langsam zufügen. Den Milchtopf säubern und die Ei-Milchmischung wieder in den Topf geben. Den Topf wieder auf den Herd stellen und die Soße köcheln lassen, dabei mit einem Holzlöffel so lange rühren, bis die Soße langsam dick wird. Den Topf in kaltes Wasser stellen und die Soße schlagen, bis sie kalt ist. Die Soße durch ein Sieb gießen oder die Vanillestange mit einer Gabel herausnehmen. Die Schlagsahne steif schlagen und vor dem Servieren unter die Vanillesoße heben. Die Soße wird zum frisch gebackenen Blaubeerauflauf aufgetragen.

HUMMERFISCHEREI BEI KÄRINGÖN, BOHUSLÄN

Pochierter Dorsch mit Ei, Krabben und Meerrettich

Pocherad torsk med ägg,
räkor och pepparrot

FÜR 4 PERSONEN

4 STÜCK DORSCH À 200 G VOM GANZEN
3 HART GEKOCHTE EIER
200 G FRISCHE KRABBEN, GESCHÄLT
100 G BUTTER
1 STÜCK FRISCH GERIEBENER
MEERRETTICH
1 BUND DILL, FEIN GEHACKT

Für das Kochwasser:
2 L WASSER
4 EL SALZ
1/2 ZWIEBEL
1 LORBEERBLATT
4 WEISSE PFEFFERKÖRNER
2 PIMENTKÖRNER

Die Dorschstücke unter fließendem kalten
Wasser abspülen, so daß alle Blutreste
entfernt werden.

Das Kochwasser mit den Zutaten aufkochen und sprudelnd kochen lassen,
den Dorsch hineinlegen und kurz aufkochen. Mit angefeuchtetem Butterbrotpapier abdecken, damit der Fisch unter
der Wasseroberfläche bleibt. Den Topf
vom Herd nehmen und den Fisch 6 min
im Wasser ziehen lassen. Die Eier schälen
und hacken, die Krabben ebenfalls grob
zerkleinern. Die Butter in einem kleinen
Topf zerlassen.

Mit dem Schaumlöffel vorsichtig ein Stück
Dorsch aus dem Wasser nehmen: wenn die
Mittelgräte sich auf leichten Druck löst,
ist der Fisch gar. Den Dorsch mit dem
Schaumlöffel aus dem Wasser nehmen
und so gut wie möglich abtropfen lassen,
der Fisch kann auch auf ein frisches
Geschirrtuch gelegt werden, das die
Flüssigkeit aufsaugt. Den Fisch auf einer
Platte anrichten.

Die zerlassene Butter erhitzen, die Eier,
Krabben, den Meerrettich und den ge-
hackten Dill unterrühren und über den
Dorsch verteilen.

Mit gekochten Frühkartoffeln oder
Presskartoffeln auftragen.

Gekochter Hummer

Hummerkok

Für ein Hauptgericht wird ein Hummer
pro Person, für eine Vorspeise ein halber
Hummer pro Person benötigt.

2 HUMMER
6 L WASSER
180 G SALZ
2 TL KÜMMEL
2 ZUCKERWÜRFEL

In einem geräumigen Topf das Wasser mit
dem Salz, Kümmel und Zucker aufkochen.
Die Hummer müssen noch lebend zubereitet
werden, vorher kontrollieren. Mit dem
Kopf voran in das sprudelnd kochende
Wasser legen. Je 100 g Gewicht 1 min
lang kochen lassen. (Ein Hummer, der
beispielsweise 670 g wiegt, wird 7 min
von dem Moment an gekocht, wenn das
Wasser wieder zu sprudeln beginnt.)

Die Hummer mit einem Schaumlöffel
herausnehmen und in Eiswasser abkühlen.
Sobald sie kalt sind, aus dem Wasser
herausnehmen, damit sie nicht auslaugen.

Sollte der Hummer nicht am selben Tag
gegessen werden, kann er in dem mit
etwas Wasser verdünnten (damit er nicht
zu salzig wird) und abgekühlten Kochwasser aufbewahrt werden. Nicht die
Finger in das Kochwasser stecken, in dem
die Hummer aufbewahrt werden, da diese
sehr empfindlich auf Bakterien reagieren.

Die Hummer gekühlt servieren, dazu wird
Mayonnaise und getoastetes Brot gereicht.

Toast Skagen

Toast Skagen

FÜR 4 PERSONEN

400 G KRABBEN, GESCHÄLT
2 EL MAYONNAISE
2 EL CRÈME FRAICHE
3 EL DILL, FEIN GEHACKT
1/2 EL FRISCH GEPRESSTER
ZITRONENSAFT
SALZ UND WEISSER PFEFFER AUS
DER MÜHLE
4 SCHEIBEN WEISSBROT
BUTTER ZUM BRATEN
80–100 G KAVIAR

Für die Garnierung:
ZITRONE
KREBSSCHWÄNZE

Die Krabben mit der Mayonnaise, der
Crème fraiche und dem fein gehackten
Dill mischen und mit Zitronensaft, Salz
und Pfeffer abschmecken.

Die Weißbrotscheiben in Butter goldbraun
braten.

Die Skagenmischung auf den Broten
verteilen und mit einem Löffelchen Kaviar
garnieren. Mit Zitronenvierteln und
einigen Krebsschwänzen servieren.

Der Name stammt ursprünglich aus dem
Nachbarland Dänemark; Skagen ist ein
bekanntes Fischerdorf. Aber die Krabben-
mischung aus Skagen gehört heute zu den
beliebtesten schwedischen Vorspeisen.

Westküstensalat mit Rhode Islanddressing

Västkustsallad med
Rhode Islandsås

FÜR 4 PERSONEN

1 HUMMER ODER GROSSE KRABBE,
GEKOCHT
300 G KRABBEN
15 FRISCH GEKOCHTE MIESMUSCHELN
CA. 300 G WEISSER ODER FRISCHER
GRÜNER SPARGEL
100 G GRÜNER SALAT, Z.B. EISBERG-,
FELD- ODER FRISSÉSALAT
10 KLEINE KIRSCHTOMATEN
150 G FRISCHE CHAMPIGNONS
1/2 GURKE
3 EL VINAIGRETTE

Die Schalentiere von ihren Schalen befreien
und säubern, dabei einige Muscheln für die
spätere Dekoration in der Schale belassen.
Das Hummerfleisch in kleinere Stücke
teilen.

Den Spargel schälen und in Salzwasser
mit einer Prise Zucker ca. 3 min kochen.
Den Salat und die Tomaten waschen, die
Gurke schälen. Den Salat zerpflücken. Die
Tomaten halbieren, die Champignons in
Scheiben schneiden und die Gurke würfeln.

Den Salat auf einer Platte anrichten,
die Schalentiere mit der Hälfte des Salat-
gemüses mischen, mit einer leckeren
Vinaigrette übergießen und gut durch-
mischen. Auf dem Salat verteilen und die
restlichen Salatgemüse um die Mischung
gruppieren. Mit Muscheln dekorieren.

Der Salat wird mit getoastetem Brot und
einem leckeren Salatdressing serviert.

Rhode Islanddressing:
2 TASSEN MAYONNAISE
100 ML JOGHURT, NATURELL
50 ML CHILISOSSE
1/2 EL MADEIRA
SALZ UND WEISSER PFEFFER AUS
DER MÜHLE

Mayonnaise, Joghurt und Chilisoße
miteinander verrühren und mit Madeira,
Salz und weißem Pfeffer aus der Mühle
abschmecken.

Rhode Islanddressing paßt gut zu
sowohl Westküstensalat als auch zu
einem Meeresfrüchte-Cocktail.

Schwedischer Apfelkuchen

Äppelpaj

FÜR 4–5 PERSONEN

Für den Teig:
200 G WEIZENMEHL
125 G BUTTER, ZIMMERTEMPERATUR
2 EL WASSER

Für die Füllung:
4–5 (CA. 600 G) ÄPFEL
2–3 EL ZUCKER
1–2 EL ZIMT

Zum Bestreichen:
1/2–1 EI

Das Mehl in eine Schüssel geben, die Butter zufügen und mit einer Gabel oder mit den Fingerspitzen zu einer krümligen Masse verarbeiten. Das Wasser zufügen und rasch unter den Teig arbeiten. Die Zutaten können auch in der Moulinette zu einem Teig verarbeitet werden. Den Teig mindestens eine Stunde kühl gestellt ruhen lassen.

Etwas mehr als die Hälfte des Teiges zu einer runden Platte ausrollen und eine gefettete runde Auflaufform (ca. 25 cm Durchmesser) damit auskleiden. Den Ofen auf 225°C vorwärmen.

Die Äpfel schälen und das Kerngehäuse entfernen. In dünne Schnitzel schneiden und den Teig damit belegen, mit Zucker und Zimt bestreuen.

Den Rest des Teiges zu einer Decke ausrollen, die die ganze Form bedeckt, oder Streifen ausschneiden und den Kuchen gitterförmig damit belegen. Die Decke mit einer Gabel einstechen, damit die während des Backens aus der Füllung aufsteigende Feuchtigkeit entweichen kann. Die Teigdecke mit geschlagenem Ei bestreichen.

Den Apfelkuchen im Ofen auf der unteren Schiene ca. 35 min backen.

Wacholder-Aal

Luad ål

FÜR 4 PERSONEN

1 MITTELGROSSER AAL
SALZ
WACHOLDERZWEIGE

Den Aal kräftig salzen und 6 Stunden ruhen lassen. Den Backofen auf 250°C anheizen. Die Aalhaut säubern und schaben, aber nicht abziehen. Den Aal abspülen und sorgfältig mit einem Handtuch trocken tupfen.

Zerkleinertes Wacholderreisig auf einem tiefen Backblech verteilen und einen Rost darüberlegen. Den Aal auf den Rost legen und das Blech mit dem Rost in die heiße Backröhre schieben. Den Aal ca. 30 min in seiner Haut braten, bis die Haut dunkelbraun und knusprig geworden ist. Während des Bratens den Aal mehrmals wenden, so daß er ringsum gleichmäßig gebräunt wird.

Der Aal wird mit Presskartoffeln aufgetragen.

Aal in Bier gekocht

Pilsnerkokt ål

FÜR 4 PERSONEN

800 G FRISCHER AAL
2 FLASCHEN BIER
1 LORBEERBLATT
6 WEISSE PFEFFERKÖRNER
3 TL SALZ

Den Aal säubern, häuten und waschen. Danach den Fisch in 5 cm lange Stücke schneiden, das Bier mit den Gewürzen darübergießen und den Aal 12 Stunden in der Marinade ziehen lassen. Anschließend den Aal 12 min in der Marinade kochen.

Den Aal mit Béchamelkartoffeln auftragen.

Geräucherter Aal mit Rührei

Rökt ål med äggröra

FÜR 4 PERSONEN

350 G FLACHGERÄUCHERTER AAL
IN SCHEIBEN
4 SCHEIBEN ROGGENBROT
1 EL SCHNITTLAUCH, FEIN GESCHNITTEN

Rührei:
6 EIER
100 ML WASSER ODER SCHLAGSAHNE
(KEINE MILCH)
SALZ UND SCHWARZER PFEFFER
BUTTER

Die Eier in eine Schüssel geben, mit einer Gabel cremig schlagen, das Wasser oder die Sahne zufügen und mit Salz und Pfeffer würzen. Reichlich Butter in einem Topf mit dickem Boden erhitzen. Dabei keinen Aluminiumtopf benutzen, da Ei in Aluminium leicht eine unappetitliche Farbe annimmt. Bevor die Butter braun wird das Ei hineingeben und langsam vom Boden abrühren, bis eine grobkörnige Masse entstanden ist. Die Eier müssen vom Herd genommen werden, bevor das Rührei zu fest geworden ist. Zum Schluß ein Stückchen kalte Butter unterrühren.

Das Rührei auf den Broten verteilen, mit Aalscheiben belegen und mit Schnittlauch garnieren.

Aal wird im Herbst vor allem in Skåne gegessen. Wenn die Nächte so dunkel sind, daß der Aal die Fischernetze nicht mehr sehen kann, spricht man dort von "Ålamörker", der Aalfinsternis.

Preiselbeerparfait mit Mandelsplit

Lingonparfait med mandelflarn

FÜR 8 PERSONEN

2 EIER
100 G PUDERZUCKER
300 ML SCHLAGSAHNE
1 KLEINE TASSE PASSIERTE PREISELBEEREN
4 CL WODKA ABSOLUT

Für die Garnierung:
25 G GERÖSTETE MANDELSPLITTER ODER
MANDELSPLIT

Die Eier mit dem Puderzucker im heißen Wasserbad schlagen, bis die Masse richtig fest ist. So lange weiterschlagen, bis die Eimasse erkaltet ist.

Die Schlagsahne steif schlagen, das Preiselbeerpüree mit dem Wodka mischen und unter die Eimasse rühren. Anschließend die Schlagsahne unterheben. Die Masse in eine runde oder längliche Form füllen und das Parfait mindestens 4 Stunden, gern länger, im Gefrierschrank fest werden lassen.

Das Parfait mindestens 15–30 min vor dem Servieren aus dem Gefrierschrank nehmen. Aus der Form stürzen und in Portionsstücke schneiden. Mit Mandelsplit oder gerösteten Mandelsplittern garnieren.

Mandelsplit:
(CA. 20 STÜCK)

100 G GESCHÄLTE SÜSSE MANDELN
100 G BUTTER
80 G ZUCKER
2 EL WEIZENMEHL
2 EL MILCH

Den Backofen auf 200°C vorheizen. Die Mandeln hacken. Die Butter mit dem Zucker in einem Topf bei schwacher Hitze flüssig werden lassen. Das Mehl mit den gehackten Mandeln mischen und in die Butter mischen, danach die Milch unterrühren. Mit einem Löffel Teighäufchen auf einem mit Backpapier belegten Blech verteilen und ca. 5–8 min backen, bis die Mandelblättchen breitgeflossen sind und eine goldbraune Farbe angenommen haben.

Bitte darauf achten, daß man beim Verflüssigen der Butter und des Zuckers sowie beim Zubereiten des Teiges nicht zuviel rührt. Mandelsplitteig hält sich ungebacken bis zu fünf Tagen im Kühlschrank und kann bei Bedarf immer frisch gebacken werden.

Preiselbeeren werden auch das rote Gold des Waldes genannt und sind ein unentbehrlicher Bestandteil der schwedischen Küche. Sie kommen als Beilage zu warmen Gerichten oder auch als Konfitüre oder Dessert auf den Tisch.

Krebssuppe
mit Käse-Pie

Kräftsoppa med västerbottenpaj

8 KLEINE SUPPENTASSEN ODER 4 TIEFE
TELLER

Für die Suppe:
800 G KREBSSCHALEN ODER 1 KG
GEKOCHTE KREBSE
4 SCHALOTTENZWIEBELN
1 KLEINE MOHRRÜBE
1/2 PASTINAKE
1 STÜCK SELLERIEKNOLLE (CA. 4×4 CM)
1 CHIPOTLE (GERÄUCHERTER UND
GETROCKNETER CHILI)
2 KNOBLAUCHZEHEN
50 G BUTTER
3 EL TOMATENMARK
1 FLASCHE WEISSWEIN
0,5 L WASSER
1 DOSE ZERKLEINERTE TOMATEN
2 ZWEIGE FRISCHER ESTRAGON
1 FRISCHE DILLKRONE ODER
1 TL DILLSAMEN
200 ML CRÈME FRAICHE
3 EL MAIZENA
SALZ UND PFEFFER
50 ML COGNAC ODER MADEIRA
1 EL BUTTER

Für den Pie-Teig:
100 G GESALZENE BUTTER
200 G WEIZENMEHL
2 1/2 EL WASSER
GETROCKNETE ERBSEN

ODER 500 G BLÄTTERTEIG

Für die Pie-Füllung:
200 ML CRÈME FRAICHE
200 ML MILCH
3 EIER
2 EIGELB
150 G GERIEBENER VÄSTERBOTTENKÄSE
ODER EMMENTHALER
SALZ UND PFEFFER

Für die Garnierung:
200 G KREBSSCHWÄNZE UND
EVTL. 8 KREBSE

Suppe:
Die Flüssigkeit von den Krebsen abgießen
und beiseite stellen, den sie eignet sich
hervorragend zum Salzen der Suppe.

Bei den Krebsen den Magen entfernen,
der sich zwischen den Augen befindet und
dem Gericht einen bitteren Beigeschmack
verleihen kann.

Das Gemüse schälen und in Würfel (ca.
2×2 cm) schneiden. Die Butter in einem
großen geräumigen Topf erhitzen und
darin das Gemüse anbraten, bis es Farbe
annimmt. Dann die Krebsschalen zufügen,
anbraten und die Flüssigkeit verdampfen
lassen. Wenn der Topfboden trocken ist,
das Tomatenmark zugeben, mit den
flüssigen Zutaten auffüllen und 30 min
leise köcheln lassen. Mit Wasser auffüllen,
falls die Krebsschalen nicht bedeckt sind.
Die zerkleinerten Tomaten, den Estragon
und die klein geschnittene Dillkrone
zur Suppe geben, aufkochen und
anschließend 30 min ziehen lassen.

Die Bouillon durch ein feinmaschiges Sieb
geben. Den Topf säubern, die durchgeseihte
Bouillon hineingeben und aufkochen lassen.
Die Crème fraiche unterrühren und
die Suppe mit dem in etwas Wasser angerührten Maizena abbinden. Mit der
Krebsflüssigkeit, Salz und Pfeffer würzen.

Mit Cognac oder Madeira abschmecken
und kurz vor dem Servieren mit dem
Mixerstab gern auch noch ein Stückchen
Butter unterrühren.

Pie:
Mit dem Zubereiten des Teiges beginnen,
dafür Butter und Mehl im Mixer zu einer
krümligen Masse verarbeiten. Rasch das
Wasser unterkneten, da der Teig schnell
zäh wird, wenn er zu lange geknetet wird.

Den Teig ausrollen und acht Portions-
förmchen oder eine große Auflaufform mit
dem Teig auskleiden. Runde Papierformen
ausschneiden, die größer als die Formen
sind, die runden Papiere in die Formen
legen und getrocknete Erbsen einfüllen.
Bevor der Teig 10 min im Ofen bei 150°C
vorgebacken wird, die Formen kurz in den
Gefrierschrank stellen.

In der Zwischenzeit Crème fraiche,
Milch, Eier, Eigelb und Käse miteinander
verrühren und mit etwas Salz und Pfeffer
aus der Mühle abschmecken.

Die Erbsen und das Papier aus den Formen
nehmen und die Piefüllung hineingeben.
Im Backofen bei 150°C abhängig von
der Größe und Höhe des Pies ca. 30 min
backen. Der Pie ist fertig gebacken, wenn
die Füllung auch in der Mitte fest geworden
ist.

Die Krebsschwänze in die Suppentassen
verteilen und mit heißer Suppe auffüllen.
Die Pies noch warm zur Suppe auftragen.

Safransgebäck

Saffransbullar

CA. 30 GEBÄCKSTÜCKE

175 G BUTTER
0,5 L MILCH
50 G HEFE
1/2 TL SALZ
140–160 G ZUCKER
1 G FEIN GESTOSSENER SAFRAN
(1 EI)
50–75 G ROSINEN
CA. 800 G WEIZENMEHL

Zum Bestreichen:
1 EI

Die Butter zerlassen, die Milch zugießen und auf ca. 37°C (handwarm) erwärmen. In einer Schüssel die Hefe in etwas warmer Milchmischung auflösen, die restliche Milch, Salz, Zucker, Safran, eventuell ein Ei und die Rosinen zufügen. Mit dem Rührgerät oder der Hand soviel Mehl unterkneten, bis der Teig sich leicht vom Schüsselrand löst und einfach zu kneten ist. Den Teig mit etwas Mehl bestreuen, mit einem Tuch abdecken und an einem geschützten Ort ca. 30 min gehen lassen.

Den Teig nochmals gut durchkneten, dann auf eine gemehlte Arbeitsfläche geben und weiterkneten, bis er glatt und geschmeidig ist.

Anschließend Lussekatter (verschiedene Figuren) daraus formen und mit Rosinen verzieren. Die Gebäckstücke auf Backpapier oder gefettete Bleche legen und mit einem Tuch bedeckt noch einmal ca. 30 min gehen lassen, bis sie fast die doppelte Größe erreicht haben. Den Backofen auf 225°C vorheizen. Das Gebäck mit dem geschlagenen Ei bestreichen.

Die Lussekatter auf der mittleren Schiene 5–10 min backen. Unter einem Tuch abkühlen lassen.

Die Lucia-Feier am 13. Dezember ist ein Ritual, das nur in Schweden begangen wird. Im ganzen Land werden Mädchen gekürt, die an diesem Tag eine Krone mit brennenden Kerzen tragen dürfen. Und alle essen an diesem besonderen Wochenende Safransgebäck, oder Lussekatter, wie man das Gebäck ebenfalls nennt.

Pfefferkuchen

Pepparkakor

CA. 150 STÜCK

200 G ZUCKER
50 ML RÜBENSIRUP
100 ML WASSER
200 G BUTTER
1 EL GEMAHLENE POMERANZENSCHALE
1–2 EL GEMAHLENER ZIMT
1/2 EL GEMAHLENER INGWER
1/2 EL GEMAHLENE GEWÜRZNELKEN
2 TL FEIN GESTOSSENER KARDAMOM
2 TL POTTASCHE
CA. 600 G WEIZENMEHL
(SÜSSE MANDELN)

Zucker, Rübensirup und Wasser in einem
Topf aufkochen. Die Butter und die Gewürze
in eine Schüssel geben und das heiße
Zuckerwasser darübergießen. Von Zeit zu
Zeit umrühren, bis die Butter geschmolzen
ist. Die Mischung abkühlen lassen.

Die Pottasche mit fast der ganzen Mehl-
menge mischen und alles rasch zu einem
geschmeidigen Teig verarbeiten, der bis
zum nächsten Tag kühl gestellt ruhen muß.

Den Backofen auf 200–225°C vorheizen.
Kleine Teigstücke nach und nach ausrollen;
dabei nicht zu sehr drücken, sondern
leicht mit dem Nudelholz arbeiten.

Pfefferkuchen mit verschiedenen Formen
ausstechen. Runde Pfefferkuchen eventuell
mit geschälten, halbierten Mandeln
verzieren.

Die Pfefferkuchen auf kalte gefettete
oder mit Backpapier belegte Bleche legen.
5–8 min auf der mittleren Schiene im Ofen
backen. Die Pfefferkuchen dabei immer im
Auge behalten – sie brennen leicht an!

Pfefferkuchen sind ein Trost an den langen
schwedischen Winterabenden. Sie werden ab
dem ersten Adventssonntag bis Weihnachten
gern gegessen.

Filet Rydberg mit Senfsahne

Biff Rydberg med senapsgrädde

FÜR 4 PERSONEN

500 G RINDERFILET (Z.B. FILETSPITZE)
8 MITTELGROSSE ROHE, GESCHÄLTE
KARTOFFELN, GEWÜRFELT (CA. 1,5 CM
GROSSE WÜRFEL)
2 ZWIEBELN, FEIN GEHACKT
BUTTER ZUM BRATEN
SALZ UND WEISSER PFEFFER AUS
DER MÜHLE
1 EL PETERSILIE, FEIN GESCHNITTEN

Für die Garnierung:
WORCESTERSAUCE
PETERSILIE

Das Rinderfilet in gleichmäßige 1×1 cm große Würfel schneiden.

Die Kartoffelwürfel langsam in Butter braten, bis sie innen weich und außen leicht gebräunt sind.

Die Zwiebeln in einer Pfanne in etwas Butter anschwitzen, so daß sie glasig und süß werden. Das Fleisch salzen und pfeffern. Danach das Rinderfilet in einer Pfanne kurz anbraten, so daß es außen gebräunt aber innen noch rosa ist.

Auf einer Platte anrichten: die Kartoffeln auf eine Seite, das Fleisch auf die andere Seite und dazwischen die Zwiebeln legen. Mit fein geschnittener Petersilie bestreuen und einige Spritzer Worcestersauce darübergeben. Dazu wird Senfsahne gereicht.

Senfsahne:
FÜR 4 PERSONEN

2 TL COLEMANS SENFPULVER
2 TL ZUCKER
100 ML SCHLAGSAHNE

Das Senfpulver mit dem Zucker mischen, die Schlagsahne unterrühren und mit dem Rührgerät so lange schlagen, bis die Sahne steif wird.

Am Gustav-Adolfs-Platz in Stockholm lag früher das elegante Hotel Rydberg, dessen Restaurant ein Treffpunkt für die Künstler und Schauspieler der Stadt war. Dieses deftige Gericht wurde höchstwahrscheinlich dort erfunden.

Fastenwecken

Semlor

10–12 WECKEN

Für die Wecken:
75 G BUTTER
300 ML MILCH
50 G HEFE
1/2 TL SALZ
75 G ZUCKER
1 EI
1/2 TL HIRSCHHORNSALZ
CA. 600 G WEIZENMEHL

Zum Bestreichen:
1 EI

Für die Füllung:
100 G SÜSSE MANDELN
DAS INNERE DER WECKEN
80 G ZUCKER
CA. 100 ML MILCH ODER SCHLAGSAHNE

Für die Garnierung:
200 ML SCHLAGSAHNE
1 EL PUDERZUCKER

Die Butter in einem Topf zerlassen, die Milch zugießen und auf ca. 37°C (handwarm) erwärmen. Die Hefe in einer Backschüssel in etwas warmer Milch auflösen, die restliche Milch, das Salz, den Zucker und das Ei zufügen. Das Hirschhornsalz mit einem Teil des Mehls vermischen und in die Flüssigkeit geben. Soviel Mehl unterrühren, bis der Teig sich leicht kneten läßt – er sollte sich gleichzeitig leicht vom Schüsselrand lösen. Den gut durchgearbeiteten Teig zugedeckt an einem geschützten Platz ca. 20–30 min gehen lassen, bis er fast die doppelte Größe erreicht hat.

Den Teig auf eine gemehlte Arbeitsfläche geben und mit dem restlichen Mehl zu einem geschmeidigen Teig verarbeiten. Dann den Teig zu 10–12 runden glatten Brötchen formen. Diese mit einem Tuch sorgfältig abgedeckt auf mit Backpapier belegten oder gefetteten Blechen ca. 20 min gehen lassen. Die Brötchen mit dem geschlagenen Ei bestreichen.

Die Wecken bei 250°C im vorgeheizten Backofen auf der mittleren Schiene 5–10 min backen und anschließend mit einem Tuch bedeckt auf einem Rost abkühlen lassen.

Die Mandeln brühen, schälen und mahlen. Von jedem Wecken einen Deckel abschneiden und aus dem unteren Teil jeweils das weiche Innere aushöhlen. Den ausgehöhlten Teig mit den Mandeln, dem Zucker und der Milch oder Sahne zu einer lockeren Masse verrühren und in die Wecken füllen. Mit Schlagsahne garnieren und die Deckel darauf setzen. Mit Puderzucker übersieben.

Gefüllte Wecken sollten noch am selben Tag gegessen werden. Die ungefüllten Wecken können 3–6 Monate im Gefrierschrank aufbewahrt werden.

Die gemahlenen Mandeln in der Füllung können durch 100–150 g fertige Mandelmasse ersetzt werden. Diese grob reiben, bevor sie mit dem Teig und der Milch oder Sahne verrührt wird.

Das Gebäck heißt eigentlich Fettisdagsbullar (Fastnachtswecken) und wurde während der Fastenzeit vor Ostern gegessen. Im heutigen Schweden sind die Wecken von Januar bis Ostern ein sehr beliebtes Gebäck.

Waffeln mit Himbeerkonfitüre

Våfflor med hallonsylt

CA. 12 WAFFELN

400 ML SCHLAGSAHNE
250 G WEIZENMEHL
300 ML EISWASSER ODER EISGEKÜHLTES
VICHY-WASSER
100 G ZERLASSENE BUTTER (LAUWARM)

Schlagsahne, Weizenmehl, Wasser
und Butter zu einem glatten Waffelteig
verrühren.

Das Waffeleisen richtig heiß werden lassen.
Eine Kelle Teig auf das Waffeleisen geben
und den Deckel schließen. Wenn die Waffel
goldbraun gebacken ist, diese auf einem
Rost erkalten lassen. Die Waffeln erst kurz
vor dem Servieren übereinander stapeln.

Mit Himbeer- oder Multbeerenkonfitüre
und gern auch etwas Schlagsahne
schmecken die Waffeln besonders gut.

Himbeerkonfitüre:
CA. 2,5 LITER

800 G HIMBEEREN
750 G ZUCKER
2 MESSERSPITZEN NATRIUMBENSONAT
2 MESSERSPITZEN KALIUMSORBAT

Die Beeren reinigen und mit dem Zucker
in einen Marmeladentopf schichten. Einige
Stunden stehen und Saft ziehen lassen.
Die Beerenmischung langsam erhitzen
und vorsichtig 15–20 min kochen. Den
Topf schütteln und drehen, damit die
Masse gleichmäßig erhitzt wird. Die
Konfitüre sorgfältig abschäumen.

Die Konfitüre ist fertig, wenn die Früchte
Saft aufsaugen und auf den Boden sinken.

Das Konservierungsmittel in etwas Konfitüre
auflösen und unter die Konfitüre rühren.

Die Konfitüre anschließend in angewärmte,
sorgfältig gereinigte Gläser füllen und
sofort mit einem Deckel verschließen,
so lange die Konfitüre noch heiß ist.

Erdbeer- oder Blaubeerkonfitüre schmeckt
ebenfalls sehr gut – das Rezept kann auch
für diese Beerensorten angewendet werden.
Oder wie wäre es mit einer Mischung aus
Himbeeren, Erdbeeren und Blaubeeren als
Konfitüre.

Der Name kommt von Vår Fru (Unsere liebe
Frau – die Jungfrau Maria). Seit Erfindung
des Waffeleisens sind Waffeln eine herrlich
ungesunde Delikatesse, die das ganze Jahr
über genossen wird. Schlagsahne und Konfitüre
gehören unbedingt dazu.

Rezeptverzeichnis

Eine Reise durch Schweden

Dieses Buch ist das Ergebnis einer Reise durch ganz Schweden. Wir haben das Land von Lappland oben im Norden, wo die Samen mit ihren Rentieren leben, bis zum im Süden gelegenen Skåne mit seinen weitgestreckten Ebenen während aller vier Jahreszeiten bereist und überall vom Besten probiert.

Im Winter waren wir Zeuge, wie der Schnee die Berge von Åre einhüllte, im Frühjahr erlebten wir, wie das wilde Wasser des Tännforsen durch Jämtland wirbelte. Im Sommer besuchten wir die Glaskünstlerin Ulrika Hydman-Vallien mitten im småländischen Glasreich, um anschließend nach alter schwedischer Tradition Mitsommer zu feiern. Im Herbst waren wir dann bei der Apfelernte in Skåne und beim Hummerfischen in Bohuslän mit dabei, bevor uns der eisige Wind schließlich daran erinnerte, dass ein neuer Winter im Anzug war.

Ein Jahr in Schweden, eine Reise durch eine ständig wechselnde Natur. Eine Reise, deren Ergebnis diese Rezeptsammlung ist, die in unseren Augen eine Zusammenfassung der vielfältigen, farbenprächtigen und phantasievollen schwedischen Küche darstellt.

LAPPLAND

AMMARNÄS

MALÅ

LYCKSELE

TÄNNFORSEN
ÅRE
ÅNN

SKÄRSÅ
SÖDERHAMN

MORA   NUSNÄS

STOCKHOLM

KÄRINGÖN

GRÄNNA

GÖTEBORG

KOSTA
ÅFORS

SKÅNE

KIVIK
SIMIRISHAMN

MALMÖ

Ein großes Dankeschön all denen, die Ingela und Milis so hilfreich auf unserer Schwedenreise unterstützt haben:

Britt-Marie und Bengt Pettersson, Käringön
Annika und Göran Grundén, Käringön
Anders Björklund, Åre
Ulrika Hydman-Vallien, Åfors
Elisabeth und Klas-Göran Önnhall, Lycksele
Ulla Alvarsson, Malå
Sanfred und Börje Stenlund
Rentier Kalle
Gun Olsson, Nusnäs
Marianne Malmström
Jan Jonsson, Kivik
Danderyds Volkstanzgruppe
Vetekatten

PROJEKTLEITUNG: Ingela Holm
REZEPTE: Malin Söderström
TEXT: Jan Gradvall
ÜBERSETZUNG: Karla Linke-Gumbel
FOTO: Wolfgang Kleinschmidt, Speisen, und Marie-Louise "Milis" Nilsson, Land & Leute
GRAFISCHE GESTALTUNG: Pelle Holm und Kjell Benettsson

Repro: Scarena Graphic, Västerås

Druck: Abildgaard Grafisk, Danmark 2000

ISBN: 91-534-2120-5

ICA bokförlag
S - 721 85 Västerås
http://www.forlaget.ica.se/bok